連想照応の可能性
― フランス語の用例から ―

出口　優木

朝日出版社

―目　次―

まえがき　1

序　論　……………………………………………………………5
1. フランス語の連想照応　5
2. 本書の目的と構成　9

第1章　先行研究と本稿の仮説　…………………………13
1. 先行研究　13
   - 1.1　lexico-stéréotipique と discursivo-cognitive　16
   - 1.2　フレームの定義に関する問題　21
   - 1.3　フレームの典型として全体・部分の包摂関係に関して　23
2. 本論文の仮説　26
   - 2.1　統語位置による連想照応の容認度の違いに関して　26
   - 2.2　先行詞を含む文の述語内容による容認度　28
   - 2.3　照応詞を含む文の述語内容による容認度　30
   - 2.4　描写性の妥当性に関して　33
   - 2.5　先行研究における時制の扱い　36
   - 2.6　本稿の仮説　38
3. まとめ　40

第2章　身体部位の連想照応　……………………………43
1. 身体部位の連想照応　43
   - 1.1　分離可能性　―Kleiber（2001）とその問題点―　45

- 1.2 本稿における aliénabilité（分離可能性）の問題　49
- 1.3 先行研究　Julien（1983）―医学的文脈による脱人間化―　52
- 1.4 先行研究　Fradin（1984）―シナリオまたは因果関係―　54
- 1.5 先行研究　― Kleiber（1999）、（2001）―　56

2 **身体部位の連想照応と描写性**　59
- 2.1 身体部位を含む例文に関する容認度　59
- 2.2 身体部位と描写性　62
- 2.3 描写性と「語り」の文体　66
- 2.4 内的焦点化と連想照応― Genette（1972）から―　68
- 2.5 医学的文脈と描写性　71
- 2.6 属性と描写性　73

3 **まとめ**　76

第3章　連想照応と時間の役割　77

1 **連想照応と時間の役割**　77
- 1.1 連想照応の分類に関して　77

2 **分離可能性を満たす一般的な連想照応に関して**　81
- 2.1 les méronymiques「全体・部分」関係をもつフレームと時間　82
- 2.2 les locatives 場所・空間的なフレームを持つ関係　83
- 2.3 動詞の項を照応詞として取る関係　85
- 2.4 les fonctionelles 役割を表すフレームと時間の関係　87
- 2.5 描写性と時間の制約の関係―身体部位の連想照応から―　95

3 **半過去時制の持つ描写性と内的焦点化**　97
- 3.1 定名詞句の現場指示的用法に関して― Hawkins（1978）より―　98
- 3.2 内的焦点化による「物語」の現場指示　100

4 **まとめ**　104

第4章　連想照応の周辺領域 ………………………… 105

- 1 連想照応の周辺領域　105
  - 1.1　直後の受け直しのパラドックス（paradoxe de la reprise immédiate）　105
  - 1.2　Corblin（1983）の対比説　106
  - 1.3　春木（1986）、井元（1989）の先行研究　108
  - 1.4　先行研究の問題点　110
  - 1.5　連想照応との関連性からの本稿の見解　112
  - 1.6　等位接続の問題に関して　116
  - 1.7　上位概念語（hyperonymie）による照応　118
- 2 連想照応の境界線　120
  - 2.1　先行表現のない連想照応　120
- 3 まとめ　124

結論　126
参考文献　130

まえがき

　本書は連想照応という言語現象を扱い、その原理を明らかにするのが目的である。連想照応とは、照応現象の中で非忠実照応に分類されるものであり、照応という受けなおしにおいて、同じ語句を使うことなく他の表現をもって先行する表現の代わりをするというものである。つまり、英語において a cat（不定名詞句）を the cat（定名詞句）で受けるような忠実照応とは異なるタイプの照応現象を扱うものである。一般に照応というと不定名詞句を定名詞句または代名詞でうける忠実用法がよく知られているが、会話や文章において実際に用いられている照応表現においては、それ以外の非忠実照応が多く用いられている。よって、非忠実照応を取り上げることは決して例外的な事象を研究するというものではなく、照応全体を見た上で、そもそも照応とは何か、単なる受けなおしなのか、という問題を提起するものである。連想照応は、先行表現を繰り返すのではなく、先行詞と関係がある他の表現を照応詞として用い、先行詞そのものではなく、先行詞と関係ある対象に関して言及するものである。本書で扱うフランス語の例をあげるならば、すなわち un stylo（英語では a pen）万年筆という先行詞を、la plume（英語では the nib）そのペン先という定冠詞を用いた照応詞で受けるものである。この照応においては、先行詞と照応詞の間に関連があるということを予め知っていることが重要である。単に繰り返しにおける言語の形式上の問題ではなく、人間の知識と言うものが照応に重要であり、言語の統語的な問題を超えた、人間の認識やその積み重なりである知識（そしてその集合である文化）というものを問題としているのである。

　本書においては、フランス語の定冠詞における連想照応をその分析の対象としているが、同じように冠詞を持つ言語においても同様の連想照

応は存在しており（序論で少し触れるが英語における連想照応も広く研究されている）、必ずしも本書の明らかにする原理が他の言語にそのまま適用される訳ではないものの、認識と言語の関わりを分析するこの研究は他言語の研究の助けになるはずである。また本書において多くのページを割いて論じるフランス語の身体部位における照応の特殊性の議論に関しても、単にそれがフランス語の言語上の問題であるということではなく、身体部位（体の一部、手や足など）に関する認識、他の対象とは異なり人間を認識する場合の特殊性の問題として、広く身体と言語、認識を研究する他の分野においても意味のあるものであると考える。用例こそフランス語に限って分析しているが、本書の目指すものは、照応現象全体への一つのアプローチを示すことであり、言語と認識を巡る研究において位置付けられるものであると考える。

　また連想照応を理解するうえで重要な概念であると本書が指摘する内的焦点化の概念は、これまで文学研究で用いられてきたものである。小説における人称と視点の問題を解決するために Genette (1972) によって提唱された概念であるが、連想照応は内的焦点化を伴う「語り」の場面において登場することが多い。これまでの先行研究で扱われてきた例文の多くが内的焦点化を伴う文体（フランス語では半過去時制がそれにあたる）のものである。このことは、言語学に留まらず文学の研究においても、本書の指摘する照応のメカニズム、知識と言語の関わりというものが、単に照応また文体といったものではなく、人間の認識を考える上で重要に成るのではないかと考える。言語使用の中でも特に生産性のある文学との関連性において連想照応の可能性が議論できると言うことは、文学研究の世界においても、この連想照応の研究がその一助となるのではないかと考えるものである。

　本書の執筆にあたっては、元となる博士論文の指導において多大なご指導を頂いた指導教授である東郷雄二先生（京都大学）に、心よりお礼

申し上げたい。インフォーマントチェックを含めフランス語に関して広く相談に乗って頂いたフィリップ・エチエンヌ氏にも心より感謝申し上げたい。また、この本の出版に当たっては、京都大学における「平成27年度総長裁量経費人文・社会系若手研究者出版助成」を受けて行なわれたことを記したい。

序　論

1 フランス語の連想照応

　連想照応（l'anaphore associative）とは、先行研究を総合的にまとめるならば、二つの文からなる照応現象であり、先行詞の指示対象と照応詞の指示対象が同一ではない非忠実照応の一つである。照応表現が間接的に指示対象を取る現象であり、先行する表現の指示対象を介して新たな指示対象を導入するものである[1]。

(1)　Il s'abrita sous *un vieux tilleul*. **Le tronc** était tout craquelé.[2] (Fradin 1984)
　　 (He took shelter under *an old oak*. **The bark** was very crackled.)[3]

　先行詞がもつ情報に含まれる要素を、照応詞が利用して照応が行われる。例1において先行する表現 *un vieux tilleul* の指示対象を介して、**Le tronc** の指示対象は導入されている。つまり、木であるから、そこには樹皮の存在も情報として当然含まれているために照応が可能であるとされる。フランス語に限らず英語においても見られ、bridging reference（または bridging inference）の名で知られている現象である。英語とフランス語では連想照応の容認度にかなりの差があることも知られている。

(2)　Paul a acheté *une voiture*. ***La couleur** est rouge.[4]

1　Charolles (1990), Berrendonner (1994), Kleiber (2001) 他
2　フランス語の例文において、先行表現を*イタリック*、照応表現を**太字**で書くことにする。
3　カッコ内の英語訳は、英語としては不自然ではあるが出来る限りフランス語の照応を理解するのに適した逐語訳を付ける努力をした。

(3)　Paul bought *a car*. **The color** is red.

　ほぼ同じ状況の例 2、3 の文においても、フランス語では容認されない。英語の the に較べ le はより多くの制限があることが察せられる。

(4)　Sorry, I couldn't get here on time. **The traffic** was awful and ......
(5)　I assume Japanese society is very stable. **The divorce rate** is very low.

(Matui 1993)

　英語においては例 4、5 のような先行詞がテクスト上に存在しないタイプの例文に関して、主に関連性理論の立場から分析されたものが多い。これは関心の違いであり、簡単に言うならばコミュニケーションの可能性の問題として捉えるか、統語上の文法規則として捉えるか、重要視する点の違いから来るものである。フランス語では定冠詞の非忠実照応の一部として扱われている。

　本書で採り上げる連想照応は、フランス語において先行表現を伴い、照応詞が定冠詞 le / la / les を用いて照応するものに限定する。これは、Kleiber (2001) が「狭い連想照応」と呼ぶ範囲であり、連想照応の範囲をこの「狭い」範囲に限定する理由に関しては、以降の節で、その妥当性を説明したいが、基本的な考えとしては、顕在的な先行表現の指示対象が持つ既存のフレーム[5]を利用し、照応詞として新たな要素を導入することが、「連想」の名に最も相応しいと考えるからである。よって以下のような例は本書においては連想照応として含めない。

4　文頭の * は、その文が容認されないこと示す。
5　フレーム (frame)：Minsky (1974), Fillmore (1982) 他から始まる概念。本稿でも第 1 章の 1.2 で扱うがその定義には困難が伴うと考えられる。仮にここで基本的な概念を挙げるならば、ある語彙に関してそれと共に関係あるものとして一般的に共有されている知識の集合。

(6)　Sophie dormait. **La lune** se levait au lointain.[6]　　　(Charolles1990)
　　　(Sophy was sleeping. The moon was rising in the distance.)

(7)　Où est **l'église**?　　　(Kleiber 2001)
　　　(Where is the church?)

　例6のように先行詞にあたるものが先行文に存在しないものや、Clark (1977) において larger situation uses とされる例7のような、文脈ではなく発話の場にその照応の対象を求めるような定冠詞照応の例である。それに対して、

(8)　J'ai acheté *un stylo*. Mais j'ai déjà cassé **la plume**.　　　(Azoulay 1978)
　　　(I bought *a pen*. But I have already twisted **the nib**)

(9)　Nous entrâmes dans *un village*. **L'église** était située sur une hauteur.
　　　　　　　　　　　　　　　　　　　　　　　　　　　　(Kleiber 1999)
　　　(We entered *a village*. **The church** was situated on a hill.)

　例1を含め例8、9のように先行詞と照応詞がフレームを共有する（主に全体・部分の関係を有する）ものを考察の対象とする。フレームの存在と連想照応の関係を考える上で、フランス語において大きな問題となるのが、照応詞に身体部位を含むものは連想照応できないとされる事実である。一般に分離不可能性（aliénabilité）という言葉で説明され、生物（特に人間）の場合は、身体部位は身体の全体から切り離した形で認識することが難しく、つまり人間の腕は胴体に繋がった状態で認識することが通常であり、それだけを取り出して部分として扱うことが難し

6　この la lune に関して、照応用法であるという見方を Charolles (1999) がしている。詳しくは一章においてみる。

いため、連想照応は許容されないとされてきた。また、色や重さといった性質をあらわす語句も全体から部分を切り出すことが難しいと考えられるため同様に連想照応しないとされる。

(10) *Max* entre. *Les yeux* sont hors de leurs orbites.[7]　　　(Julien 1983)
(*Max* entered. **The eyes** are out of their sockets.)

(11) Pierre a exposé *son dernier tableau*. *La beauté* est fascinante.
　　　　　　　　　　　　　　　　　　　　　　　　　　(Azoulay 1978)
(Pierre exposed *his lastest painting*. **The beauty** is fascinating.)

しかしながらある条件の下においては、身体部位や属性表現も少なからず連想照応をすることが知られている。

(12) *Le malade* est livide. **Les yeux** sont hors de leur orbites.　　(Julien 1983)
(*The patient* is pale. **The eyes** are out of their sockets.)

(13) *Les coureurs* redoublent d'effort. On voit **les muscles** saillir sous les maillots.　　　　　　　　　　　　　　　　　　　　　(Fradin 1984)
(*The runners* double effort. We see **the muscles** protrude under the shirts.)

例12、13においては、先行表現はともに人間であり、照応表現はその身体部位である。これらの文においては連想照応は非常に自然な用法

---

[7] 連想照応の容認度に関して、基本的に全く容認されないものには*を、過半数以上の人にとって容認できないが、容認可という言う人もいるものに関して??を、容認できる人と出来ない人が半数程度いるものには?を付けた。ただし、容認度に関してはそのフランス語が文法的に可能かどうかだけではなく、自然な表現か否か、という点も含まれ、絶対的ではなく、あくまで容認の傾向を示していると理解されたい。

であり、身体部位の用例の間に見られるこの違いは何に起因しているのか、そもそも連想照応の成立の鍵を握るものは何なのか。個別の文脈、状況といったものではなく、何か統一して説明できる原理があるはずである。

2 本書の目的と構成

　本書の目的は、身体部位の連想照応を含めフランス語の連想照応の可否について統一的な説明を与えることである。定名詞句の用法には、忠実用法と非忠実用法の区別があるが、非忠実用法の中で明確な先行詞を持つのが連想照応である。非忠実用法の中で形式的に忠実用法に近い連想照応のメカニズムを解明することで、忠実用法・非忠実用法の垣根を越えた定名詞句照応一般における理解の一助になることを目指すものである。連想照応というものを、忠実照応に対する例外的なものとしてではなく、先行詞・照応詞の形式を共にする照応現象としてその共通点を探るために、先行研究において例外的な扱いを受けることが多かった連想照応を、例外なく説明できる原理を明らかにすることを目的とする。そのことによって連想照応というものが、定冠詞照応においていかなる位置にあるのかを示したい。連想照応には一般的に共有される知識を利用した認知フレームが必要であるという立場から、フレームだけでは説明しきれなかった例文に対して、フレームと共に働き、制約をかけている要因を探る。具体的には、先行研究ではほとんど指摘されることのなかった照応詞を含む文における時制の問題を手がかりに、連想照応というものが小説などのいわゆる「語り」の文脈で多く用いられることを指摘し、一つの場面における出来事とその出来事内部の描写という構図が最も連想照応に適した文脈であることを明らかにする。その上で、連想照応というものが、フレームという共有知識とともに、先行詞を含む文と照応詞を含む文が同じ場面を共有することが重要であるという、新たな制約を提案する。そして、その制約が連想照応以外の定名詞句照応に

おいてどのように機能するかを見ることで、連想照応の定名詞句照応における位置を明らかにするものである。

　本書は以下のように構成されるものである。第一章では、これまでの連想照応の先行研究の流れをたどり、連想照応に必要とされるフレームの概念に対する本書の立場を明らかにするとともに、先行研究が明確に位置づけることのなかったフレーム以外に連想照応の可否に影響を与える要素、すなわち照応詞を含む文のもつ「描写性」に関して論じ、そこからさらに時間的な要素が連想照応の可否に関係するという本稿の仮説を提案する。第二章では、フランス語の連想照応において問題の多い身体部位・属性の連想照応を取り上げる。分離不可能性により身体部位は基本的には全体（人間の全体）から部分（身体部位）を切り離して認識することは出来ず、全体・部分の関係性を持ちえない。すなわちフレームがそこには形成されないので、連想照応できないという結論になる。しかし、先行詞を含む文と照応詞を含む文が、同一の場面を描写している場合にのみ連想照応が可能なことから、時間の経過が存在していないという「時の制約」が存在することが確認される。第一章で見る半過去時制から導き出される制約が、身体部位、属性の連想照応の可能性を上手く説明できることが明らかとなり、例外的な事象と見なされてきたこれらの連想照応も、広く一般の連想照応の一部であることが理解される。第三章は、身体部位の連想照応に関して適用できた制約が、広く身体部位以外の一般的な連想照応に適合しているかを検証する。基本的には、全体・部分のフレームをもつ連想照応に関しては時間的な同一性は必要ないが、そのような例においても照応詞を含む文の時制は半過去時制が好まれ、場面の同一性が守られている例文が多く、時間の要素が連想照応の可否の重要な一部であることの傍証となる。また、役割を表すフレームを持つ連想照応においては、出来事の包摂関係や場面の同一性がその照応の可否に影響を与えていることが観察され、本稿の仮説が正しいことを裏付ける。一般的な連想照応に関しても描写性の高さが容認度の向上につながり、基本的に描写的ではない例文が殆どないことから、描

写されたもの、すなわち小説など書かれたものにおける「語り」との親和性に関して指摘でき、これは内的焦点化[8]の概念において説明されるものである。第四章は、連想照応の限界、もしくは境界線を探るため周辺領域の照応現象に関して考察する。直後の受けなおしの矛盾として知られる現象や、上位概念語による受けなおしを取り上げて、連想照応との関連性や今回指摘した時間の制約がそれらの現象においても有効であることを示し、定名詞句照応における連想照応の位置、また時間の制約の妥当性を確認するものである。

8　Genette (1972 : 206)

第1章

先行研究と本稿の仮説

1 先行研究

　先行研究においては、連想照応を考える上で、異なる二つの立場がある。連想照応とはいかなる現象かを考える上で本質的な事柄であるため、まずその立場に関して見て行きたい。一つは、lexico-stéréotypique（語彙ステレオタイプ的）な立場であり、もう一つは discursivo-cognitive（談話認知的）な立場である。このことは、連想照応を巡る2つの問題[9]に対する立場の違いからきている。

1) 何が照応詞の指示対象を先行詞の指示対象に結びつけるのか
2) 連想照応を成立させるのはどのような関係か

　まず、語彙ステレオタイプ的な立場であるが、Azoulay (1978) の内在的関係 (lien intrinsèque) に代表されるように、連想照応に含まれる関係は、談話の流れとは関係なく一般的な知識 stéréotype（ステレオタイプ）つまり a priori なものによって構築されるとされる。Kleiber (2001) の用語でいえば、先行詞の指示対象と照応詞の指示対象は stéréotype を有していなければならないことになる。

(1) Il s'abrita sous *un vieux tilleul*. **Le tronc** était tout craquelé. (Fradin 1984)

9　Kleiber (2001 : 91)

(He took shelter under *an old oak*. **The bark** was very cracked.)

(2)　Nous entrâmes dans *un village*. **L'église** était située sur une hauteur.

(Kleiber 1999)

(We entered *a village*. **The church** was situated on a hill.)

　その stéréotype は二つに分けられ一つは例 1 における「木の全体性」と「部分である幹」のような nécessaire（必然的とされる）な関係であり、もう一方は例 2 における un village（村）と l'église（教会）のような stéréotypique（必然ではないが限りなくアプリオリなステレオタイプに近いと考えられる）な関係であるとされる。この立場の利点は、照応表現の指示対象がどのように同定されるかが分かりやすく、全ての連想照応が自動的に行われるのではないことを示せる点である。つまり、stéréotype の有無が連想照応の可否を決めるという非常に分かりやすい制約を提示できる。例 2 を例に取るならば l'église は、すでに言及された村の stéréotype に含まれる「教会」というものを参照するのであり、その間には、Si x est un village, alors il y a normalement / généralement une église dans x.（もし X が村ならば、すなわち一般的に教会はその X の中に含まれる）という関係が成立し、またこの関係が成立する限りにおいて連想照応は可能であると言える。この語彙ステレオタイプ的な立場においては、一般に推論は先行表現を拠り所として、先行表現のステレオタイプを利用する（すなわち推論を行う）ことにより後方にある照応表現の妥当性を判断する、つまり前から後ろへ top-down 式に推論が行われるということになる。

　これに対して、Clark (1977)、Charolles (1990) に代表される談話認知的な立場の主要点は、sémantique（意味論的）な推論というのは必ずしも必要ではなく（つまり、stéréotype の有無が連想照応の可否を決める訳ではなく）、談話文脈こそが先行詞・照応詞の指示対象の間に関係を

与えるものであるとする点にある。Charolles (1990) によれば、

1) 非同一指示的な実体（entité）の談話（discours）による結合であり
2) すべての後続する節は先行する節の中で導入された対象に関して、何かしらを述べていると考えられる一貫性の原理（または連続言及性）に支えられている。

　ここでは推論は照応表現から振り返って、その照応表現と関係のある要素を先行表現のもとへ探しに行き、そこで関係性が認められれば照応が可能になるという、後ろから前への bottom-up 式なものとなる。照応表現は、基本的に先行表現と関係があるために使われるものであり、照応表現が使われたことから積極的に、関連ある先行表現を探していこうというスタンスである。この立場では stéréotype というものはあくまで追加補助的なものであり、先行詞と照応詞の指示対象間の関連性を高める役割をするが必須の要素ではないとされる。また一貫性の原理に関しては、それを保証するのは Sperber & Wilson (1993) の提唱する「関連性」[10]の考え方である。

　そもそも立場の違いは、先行研究の興味の方向性に関係しており、語彙ステレオタイプ的な立場は、フランス語の連想照応のメカニズムそのものを解明することに重点を置いているのに対し、談話認知的立場は定名詞句照応全体を対象としており、その一部として連想照応を扱い、例外とならないように説明するのが目的であり、もともと目指している地点が違うと言える（語彙ステレオタイプ的な立場においても、最終的には、連想照応も定名詞句照応であり統一的に説明される必要はあると考える）。

10　Sperber & Wilson (1993：151)、関連性　程度条件１：想定はある文脈中での文脈効果が大きいほど、その文脈中で関連性が高い。程度条件：２想定はある文脈中でその処理に要する労力が小さいほど、その文脈中での関連性が高い。

1.1　lexico-stéréotipique と discursivo-cognitive

　二つの立場に関して先行研究において行われてきた実際の例文の分析を見て、フランス語の連想照応を扱う上でどちらの立場が有効かを検証し、本稿においていかなる立場からフランス語の連想照応を扱っていくかを示したい。

(3)　a. La vieille *mourut* dans des circonstances mystérieuses.
　　　　Le meurtrier n'a jamais été retrouvé.
　　　　(The old lady *died* under mysterious situations.
　　　　The murderer has never been found.)
　　b. Elle fut *assassinée* dans des circonstances mystérieuses.
　　　　Le meurtrier n'a jamais été retrouvé.　　　　　　(Charolles 1990)
　　　　(She was *murdered* under mysterious situations.
　　　　The murderer has never been found.)

　同じように容認される連想照応の例であるが、例3b は先行表現にあたる assassiner（文中では *assassinée*）と le meurtrier の間に意味論的な関係、「殺されるということは、すなわち殺す者がいる」というステレオタイプ（stéréotype）な関係が存在するのに対して、例3a は先行表現にあたる mourir（文中では mourut）と照応詞である le meurtrier の間を繋ぐ推論は「不可解な状況で死んだということは、普通の死に方ではなく、よって殺人かもしれず、ゆえに殺人犯がいる」というものであり、「もし先行表現が X ならば、一般的に X の中に照応表現が存在する」というステレオタイプな関係を含んでいないと考えられる（先の表現に当てはめれば、「不可解な状況で死んだということは、一般的にいって殺人である」とは言いがたく、他の可能性が残されるゆえにステレオタイプな関係ではない）。ステレオタイプな関係とは、二つのものの間に何らかの関連性があるという曖昧なものではなく、常に成り立ち一般的に万人に認められる関係が成立していることを指し、Azoulay (1978) が言うよう

にそれは a priori なものでなければならないという原則がある。

(4) Je suis entré dans *la pièce*. **Les chandeliers** brillaient vivement.

(Kleiber 2001)

(I entered *the room*. **The candlestands** were shining brilliantly.)

例 4 も Les chandeliers と la pièce の間には、normalment / généralment で修飾されるような意味論的関係はなく厳密な意味ではステレオタイプ（stéréotype）を有していない。これらの例文から、連想照応の成立にとって必ずしもステレオタイプが必要ではないというのが、談話認知的な立場の主張となる。しかしながら、Kleiber (2001) に拠ればステレオタイプの基準を Si x est une pièce, alors il peut y avoir des chandeliers comme partie de mobilier（もし X が部屋であるならば、その中に燭台が家具の一部として含まれる可能性がある）と緩和することでステレオタイプを獲得することが出来るとされる。このことは、何処までを含まれる可能性とするかという問題、すなわち意味論的にステレオタイプであるのは何処までかという問題を含んでおり、「含まれる可能性」を「含まれるための関連性」と考えるならば、限りなく談話認知的な立場へと近づくことになる。しかし、ここではあくまである特定の文脈のみに適用可能な語用論的知識ではない。構成要素のもっている意味が一般に共有される知識において「全体」にあたる対象の意味と、より一般的に認められた語彙的な知識で繋がっているものを、Kleiber は緩和されたステレオタイプの範囲とする。これはステレオタイプが本来持っている言葉の枠をこえる概念であり、より一般的にいえば、先行詞と照応詞がフレームを共にしていると言える。厳密な意味論のレベルではなく、談話を理解するときの認知的な作用において、一つのフレームを有していると考えられる。本稿では、ステレオタイプの代わりにフレームという用語を後の説明では使用したい。

本稿における用語の区別
　　ステレオタイプ（stéréotype）：語彙、意味論的な情報の集まり
　　フレーム（frame）：stéréotype を基礎にした、認知論的な情報の集
　　　　　　　　　　まり
　　　　　　　　　　特定の文脈にのみ関係するのではなく一般に知
　　　　　　　　　　識として共有されている関係

　このように拡張した概念を用いれば、例3、4も語彙ステレオタイプ的（＝フレームを利用する）考えで十分説明がつけられるとされる。よって、談話認知的立場が語彙ステレオタイプ的立場の反例としてあげる例3、4は効力を失うことになる。ただし、ステレオタイプへの批判としては的を射たものであり、単に意味論的なステレオタイプが連想照応を可能にしている訳ではないことへの指摘は重要であり、フレームの概念そのものが認知的であることから、二つの立場のすり合わせであるとも言える。少なくとも、意味論的なステレオタイプだけでは説明できないことは確かである。

(5)　Sophie dormait. **La lune** se levait au lointain　　　　(Charolles 1990)
　　　(Sophy was sleeping. **The moon** was rising in the distance.)

(6)　Sophie dormait, **le journal** était tombé au pied du lit,
　　　le cendrier était plein à ras bord.　　　　　　　　(Charolles 1990)
　　　(Sophy was sleeping, **the newspaper** was dropped at the foot of the bed,
　　　the ashtray was to the top full.)

　談話認知的な立場では、これらの文は連想照応の一部として扱われている。しかし、語彙ステレオタイプ的な立場の Kleiber に拠れば、例5において la lune は、人名（Sophie）にも動詞 dormir とも連想している訳ではなく、la lune の定性の源は先行文脈にはないとする。また例6は、

以下の3点から連想でも照応でもないとされる。すなわち、i) 先行詞を含む文と照応詞を含む文の順序が、実際は逆であり ii) 動詞句 dormir（寝る）を avait les yeux grands ouverts（両目を大きく見開いていた）に変更しても le journal 以下の解釈は変わることなく iii) 固有名詞を不定名詞句に変更すると（Sophie から une femme「ある女性」へ）もはや照応を導く要素はないが、解釈は変わらないことから、照応詞の定性の源は先行表現にあるのではないことが分かり、これは連想照応ではないと結論される。これらの例は、先行詞（先行文脈）が照応詞に何も影響を与えていないと説明される例であり、先に示した連想の特徴「先行する表現を介して新たな要素を導入する」を備えていない。例6の定性の源は、le journal「新聞」というものの在り方（毎日、その日の新聞があり、読まれていると言うような）や、この例文が小説のように書かれた文であり、虚構の世界を解釈者に提示していること等、先行表現とは関係ないところから来ていると考えられる。故に、先行表現とそれがもつフレームを利用することのないような照応は、連想照応とはみなせないというのが、語彙ステレオタイプ的な Kleiber の立場である。何か連想する対象が存在することが、連想照応の名に相応しいことには賛成であり、本稿においても、基本的に先行表現の存在というものを連想照応の前提にしたい。ゆえに、連想照応の範囲を先行表現が存在し、定冠詞 le / la / les を使って照応する範囲に限定する。

(7) J'ai acheté un stylo hier, mais **l'inspiration** ne vient pas. (Charolles 1990)
 (I bought a pen yesterday, but **the inspiration** did not come.)

同様に例7も談話認知的立場においては連想照応であるが、語彙ステレオタイプ的立場においては、連想照応ではないと考えられるものである。先行表現には直接的に **l'inspiration** に結びつくようなものは存在しない（万年筆、もしくは万年筆を買うこと自体は、良い発想とは直接関係ない）。ただし、万年筆から物書き、物語と展開していくとその先に

(物語の)発想というように関連を見出すことが出来る。ここで問題となるのは、どこまでを関連の知識としてフレームは含むことが出来るかである。基本的には一次的に先行表現と繋がっていることが必要だと考える。連想照応の事例として、全体と部分は連想照応可能だが、全体と部分の部分（つまり部分の中の一部）は基本的に連想照応しないからである[11]。

(8) Nous entrâmes dans *un village*. ***Le grand magasin** était situé sur une butte. (Kleiber 2001)
(We entered *a village*. **The department store** was situated on a hill.)

(9) Ils habitent *un quartier central*. *J'apprécie **le calme**. (Fradin 1984)
(They live in *a central area*. I appreciate **the quiet**.)

　一方、例8、9のように先行詞と照応詞の間に「関連性」を見出せるようなものに関しても連想照応できない例が存在する（何らかの理由で、村に百貨店があることは可能であるし、また街の中心部に「静けさ」が存在していても問題ない、と理解することは可能である）。語彙ステレオタイプ的な立場のKleiberによれば、これは単にステレオタイプの欠如という意味論的側面から妥当な説明を与えられるとされる。村に関して言えば百貨店は一般的に（もちろん必然的では有り得ない）存在するものではなく、静けさというものも必然的な、または一般的な中心街の要素ではない。よって、関連性は感じられても、というよりは関連があるものだと理解しようとすれば出来るかもしれないが、実際は、ステレオタイプ的な繋がりのないものは連想照応しない。故に、談話認知的な立場のいう「関連性」の有無は連想照応の基準にはなり得ず、ステレオタイプそしてフレームの有無を基準にした方がより妥当であると

11　本章1.3において議論する。

結論される。本稿においても、以上の流れから、連想照応を Kleiber の主張する狭い連想照応の範囲として扱うものとする。すなわち、連想照応は定名詞句によって新たな指示対象を導入するのものであり、それは先行表現によって言及されている何らかの存在から推論されるべきものである。しかし、談話認知的な立場をうけ、ステレオタイプな知識が作るフレームに関して、Kleiber も受け入れているように、照応詞の方にもフレームを導くベクトルがあるとし談話認知的な立場の bottom-up 的な推論の形式も可能であると考える。このことは、ステレオタイプが、もはや Azoulay のいうような厳密に意味論的なものではないことを示している。その意味で、フレームという言葉を本稿では使うことにする。

1.2　フレームの定義に関する問題

まず、はじめに断っておきたいことは、連想照応を説明する中心概念であるフレームに関しての曖昧性である。多くの先行研究において使用されているにも関わらず、必ずしも統一的な定義が得られている状況ではない。おおよその理解としては、「全体・部分」関係を基本とした包摂関係と言える。しかし、その包摂範囲に関して、大きく二つの立場があり、一つ目の立場は、複数の要素（語彙的要素、社会（時代）的要素、個人差の要素、そして文脈、話し手の意図）から成るという広い定義をとり、二つ目の立場は、包摂とは知識の集合というイメージ、先行研究 Azoulay (1978) における「stéréotype は a priori なものである」という主張から来る、定まった語彙的な集合である狭い定義をとる。本稿の立場としては、基本的にはフレームとは意味論的なステレオタイプを中心とするものであり、後者の立場に近い。ただし、以下に見るように純粋に意味的、語彙的な集合として、予めその構成要素が決定されているものではないと考える。

(10)　a. Paul est entré dans *une pièce*. **Le mur** était tout taché.

　　　(Paul went into *a room*. **The wall** was very dirty.)

 b. Paul est entré dans *une pièce*. **La table** était complètement cassée.

  (Paul went into *a room*. **The table** was completely broken.)

 c. Paul est entré dans *une pièce*. **L'horloge** ne marchait pas.

  (Paul went into *a room*. **The clock** was not working.)

 d. Paul est entré dans *une pièce*. ***Le vase** était complètement cassé.

  (Paul went into *a room*. **The vase** was completely broken.)

　例10のように、先行詞 *une pièce* に必ず存在する le mur が良いのは妥当として、存在することが多い la table も非常に容認度が高く、存在しないことも多い l'horloge も容認される。しかしながら、存在してもおかしくはない le vase は容認されない結果となる。ここから、「部屋にあるべきもの」だけでなく「部屋にあっておかしくないもの」もフレームを介して理解されることが解るが、「部屋にあっておかしくないもの」すべてにフレームが機能するわけではないことが見て取れる。フレーム内に存在する要素は論理的にその範囲を限定することが難しく、一つのフレームの厳密な構成要素の記述というのは不可能であると本稿は考える。つまり、一つの単語、概念に対して、常に定まった知識の集合と捕らえるのは間違っており、文脈や背景に応じてフレーム内の構成要素が変化する可能性を考慮する。つまり、単語のもつ語彙のレベルにおいてフレームの範囲は決まるのではなく、その単語を取り巻く文脈・背景を合わせ考えることでフレームがその当該の文（そしてその文が持つ談話世界）において決定されると考える。ただし、当該の文脈のみで生成し通用するものではなく、もともと社会的に広く認められた知識のネットワークを利用し、それに沿ったものである（その意味でフレームは毎回作られるのものではなく、既に存在している無数のパターンから最適なものが選び出されると考える）。その意味で、フレームとはある程度幅をもったものであり、談話が行われる社会において一般的に（大多数の人にとって同意できるという意味おいて）共有されている知識の集合で

あるといえる。そして一定の基準というものを示すことは非常に困難であり、その社会における興味の対象や伝統などによりいびつな範囲設定や、例外も存在すると思われるため、あえて定式化は出来ないと考える。よって、個々の文脈において、フレームのありように関しては検証することが大事である。

1.3　フレームの典型として全体・部分の包摂関係に関して

フレームの最も典型的な例は、全体・部分の包摂関係に基づくものであり連想照応の多くの例文において見られるものである。先の節で、談話認知的な立場が主張するところの先行表現と照応表現の間の関係性に関して、フレームはどこまでを含みうるかという問題があった。語彙ステレオタイプ的な立場が主張するア・プリオリな意味論的関係性とは異なり、談話認知的な立場においては、推論を基にした関係性というものも認めており、その推論はどこまで重ねてよいのか、またはフレームはどこまでも広がってよいのかという問題が起こる。先行研究[12]で言われてきたことだが、基本的には一次的に先行表現と繋がっていることが必要であると考えられる。つまり、全体・部分の関係の場合、全体と部分は一次的に繋がっているが、さらに全体から取り出した部分を一個の存在として、そこから更に部分を取り出した場合、部分の部分というのは二次的に全体と繋がっており、それは連想照応しないことが知られている。

(11)　Nous entrâmes dans *un village*. ***L'autel** était recouvert de fleurs.

(Kleiber 2001)

(We entered *a village*. **The altar** was covered with flowers.)

(12)　Nous nous approchâmes d'*une maison*. ***La poignée** était cassée.

12　Berrendonner (1990), Charolles (1999) など

(Kleiber 2001)

(We approached to *a house*. **The doorknob** was broken.)

　例11で見ると「村」と「教会」という全体・部分の関係がまずあり、かつ「教会」と「祭壇」という全体・部分関係がある時に、論理的には、村の部分である教会のさらに部分である祭壇は、村の一部、部分であるという包摂関係が成り立つが、言語的な照応現象としては成り立たない。同じように、例12においては、「家」「扉」「ドアノブ」という三者の関係において、当然、家の部分である扉のさらに部分であるドアノブは家の一部、部分であると論理的には言えるが照応できないことが知られている。このことから、フレームとして機能するのは、全体と直接、一次的に結びついている範囲であるとされる。ただし、Charolles (1999) において、「部分の部分」であっても、全体との間で連想照応するとされる反例が出されている。

(13)　Il y avait *une bicyclette* dans le jardin. **Les rayons** étaient faussés.[13]
　　　(There was a *bicycle* in the yard. **The spokes** were bent.)

(Charolles 1999)

(14)　Paul vient d'acheter *une voiture d'occasion*. **Les bougies** ont besoin d'être remplacées.
　　　(Paul has just bought *a used car*. **The spark plugs** need to be replaced.)

(Charolles 1999)

　例13では、自転車に対して、車輪の一部品である「スポーク」が連想照応しており、また例14では車に対して、エンジンの一部品である

13　この例文は英語の方が元の Charolles (1999) の例文であり、仏語訳は Kleiber (2001)

24

「スパークプラグ」が連想照応している。形式上、論理上は「部分の部分」が全体と連想照応している形になっているが、両方ともある種、専門的な分野の話である点は考慮する必要があると思われる。確かに一般的には自転車の「スポーク」に関して関心を寄せる人は少ないかもしれないが、自転車を趣味とする人にとっては自転車の性能を左右する重要な部品であり、車輪の一部ではあるが、独立してそれ自体を購入し取り替える対象でもある（自転車の総合的なカタログを見れば明らかなようにスポークはそれ自体として独立して扱われている）。同様に、自動車における「スパークプラグ」もエンジンの一部ながら、それだけを交換することもあり、独立して扱われる部品であり、スポークともども全体である車、自転車と一次的関係を認識上、持ちうるものである[14]。つまり、ここにおいては単に形式的な全体・部分の関係性ではなく、それを全体との関係でどのように認識しうるかという問題が存在している。これは「部分の部分」は、「全体の部分」でもあるという論理的帰結がそのまま言語現象に反映されなかったのと同様に、論理的な形式そのものを言語は反映しないことを表している。言語外的な世界における形式や論理そのものではなくて、それを認識する人間の仕方を言語は反映すると考えられる。確かに、言語外的な世界に対する一般的な名称、区別というものは人間の認識からもたらされたものだが、それは常に一定、恒常的なものではなく、時に人間の認識の仕方が変わることも考慮しなければならない。よって、Charolles (1999) のこれらの例は反例にはならず、やはり、先行表現と照応表現は一次的に繋がっているということは守られていると本稿では考える。

---

[14] 自転車、自動車の文化が根付いているコミュニティーにおいては、それをよく知らない人とは違う全体、部分の区切り方が存在していると考える。自転車に興味がない場合は、普通、車輪はそれ以上分割して認識することのないものであるかもしれない。しかし、基本的にはフランスをはじめヨーロッパでは、自動車・自転車の文化が成熟していると思われ、自転車の全体性に対して、車輪を構成しているスポークやリム、ハブといった要素は個別に部分となり得る。よって、ここでは部分の部分ではない認識の仕方がされていると考えられる。

2 本論文の仮説

　先行研究で見たように、語用論的な関係性だけでは連想照応は定義できないことは明らかであり、基本的にはステレオタイプ、それを拡大したフレームというものが必要であるという語彙ステレオタイプ的な立場を本稿は採る。すなわち連想照応にはフレームというものが必要であり、それは個別の談話文脈のみ、もしくはある特定の集団にのみ可能なものではなく、談話の参加者にとって一般的に共有される知識を基にしているものである。しかしながら、フレームだけでは説明できない例を挙げ、その場合にどのような制約が必要なのかを明らかにし、文脈の必要性の有無、語用論的要素がいかに関わるかを考察し、本稿の立場というもの明らかにしたい。そのために、批判的立場から先行研究の問題点を見て生きたい。

2.1　統語位置による連想照応の容認度の違いに関して

　先行詞、照応詞の指示対象の意味論的な関係性が連想照応を可能にしているならば、同じ先行詞、照応詞の組み合わせであれば異なる文脈においても、同じような連想照応の容認度が観察されるはずである。

(15)　a. Paul possède *une bicyclette*. **Le frein** est cassé.
　　　　(Paul possesses *a bicycle*. **The brake** is broken.)
　　　b. *Une bicyclette* s'arrête dans la rue. **Le frein** est cassé.
　　　　(*A bicycle* stops in the street. **The brake** is broken.)
　　　容認度 a = b

　例15において、先行詞の位置を目的語と主語で代えてみるが、容認度の差は無いといっていい。しかしながら、差の出る場合も存在する。

(16)　a. Il connaît *un restaurant*. **La spécialité** est très célèbre.
　　　　 (He knows *a restaurant*. **The specialty** is very famous.)
　　　b. Il habite près d'*un restaurant*. **La spécialité** est très célèbre.
　　　　 (He lives near *a restaurant*. **The specialty** is very famous.)
　　　　容認度 a ≧ b

　例16においては、16b のように前置詞句内に置かれた先行詞においては、容認度が若干下がる傾向にある。Azoulay (1978) でも指摘されているように統語的位置そのものの問題も影響していると思われるが、それだけではなく、文脈的に先行詞として取りにくい流れになっているとも考えられる。先に見た例10 (Paul est entré dans *une pièce*. **Le mur** était tout taché.) の様に場所を表す前置詞句（dans *une* pièce）であっても連想照応は全く自然であり、必ずしも先行詞の統語位置が決定的な役割を果たすとは思われない。例16のように、談話における重要性が異なる、つまり16a のようにレストランについての発話か、16b のように住んでいる場所に関する発話でありそこにレストランが現れたかという違いが、容認度の差となったと思われる。

(17)　a. Paul possède *une bicyclette*. **Le frein** est cassé.
　　　　 (Paul possesses *a bicycle*. **The brake** is broken.)
　　　b. Paul est sorti à bicyclette. **?Le frein** s'est cassé en cours de route.
　　　　 (Paul went out by bicycle. **The brake** broken in the middle of the route.)

　例17b に関しては、先行文にある bicyclette が指示対象を持たない非指示的名詞句なので先行詞と照応詞の指示対象間の関係とは言えず連想照応ではない。ただし、17b の場合においても、容認可能とするインフォーマントも存在する。このことから、理解可能もしくは推測可能なものと、文法として連想照応がどこまで可能であるかを線引きすることの

難しさがあると思われる。

2.2　先行詞を含む文の述語内容による容認度

次に先行詞を含む文の述語内容が照応にどのような影響を与えるか見てみたい。先行詞の持っている語彙的・意味論的な内容だけではなく、当該の文脈中の他の要素も連想照応に影響を与えるかを調べるためである。

(18)　a. Nous entrâmes dans *un village*. **L'église** était située sur une butte.

(Kleiber 1999)

(We entered *a village*. **The church** was situated on a mound.)

　　 b. Paul a passé ce jour de congé dans *un village*. **L'église** était située sur une butte.

(Paul passed the holiday in *a village*. **The church** was situated on a mound.)

容認度 a ＞ b

例16のレストランの例と同じように、文脈における先行詞の役割が異なる。つまり「休暇を過ごした」ことと「教会が丘の上にある」ことは、談話の繋がりが見つけ難く教会へ言及することが唐突な感じを与える例18b の場合は、容認度が落ちる傾向にある（どちらの文も連想照応としては容認されるが18b は18a に比べて不自然さを感じさせる）。

(19)　a. Pierre a exposé *son dernier tableau*. ?**La beauté** est fascinante.

(Azoulay 1978)

(Pierre exhibited *his lastest picture*. **The beauty** is fascinating.)

　　 b. Pierre a exposé *son dernier tableau*. **Le prix** est très élevé.

(Azoulay 1978)

(Pierre exhibited *his lastest picture*. **The price** is very high.)

　　 c. Pierre a exposé *son dernier tableau*. **La tonalité** est très originale.

(Pierre exhibited *his lastest picture*. **The tonality** is very original.)

容認度 a ≦ b = c

　d. Pierre a peint *son dernier tableau*. ***Le prix** est très élevé.

　　(Pierre painted *his lastest picture*. **The price** is very high.)

　e. Pierre a peint *son dernier tableau*. **La beauté** est fascinante.

　　(Pierre painted *his lastest picture*. **The beauty** is fascinating.)

　f. Pierre a peint *son dernier tableau*. **La tonalité** est très originale.

　　(Pierre painted *his lastest picture*. **The tonality** is very original.)

容認度 d ＜ e ≦ f

　先行詞を含む文の述語が「絵を展示する」場合と「絵を描く」場合の容認度は明らかに差が出る。絵を展示する文脈（例19a、b、c）の場合、展示して販売するという文脈で解釈されやすいために、照応詞の le prix の容認度は高く、la beauté は低くなる傾向にある（先行研究では la beauté は連想照応しないとされたが、今回の調査では容認される傾向にあった）。逆に「描く」場合は、描くことそのものと価格の関係性は一次的でないため、照応詞の Le prix の容認度は悪くなり、la beauté が良くなる結果となる。照応詞を la tonalité（色調）とした場合は、両方の場合に容認度が高く、文脈に関係なく「絵」と「色調」はフレームを有している、さらに言えば、絵にはほぼ必然的に色調は存在するためステレオタイプを持っていると考えられる。それに対して、「価格」は売買を通じて「絵」と結び付けられる必要が、「美しさ」は直接表現されてはいないが絵を芸術として評価する文脈を通して結びついていると考えられる。このことから、ステレオタイプ的な関係と、ステレオタイプほどは強くはないが大抵の場合、文脈（明示的であれ潜在的であれ）を考慮することで成り立つ関係性が存在していることが分かる。

(20)　a. *Le tableau* était accroché en bonne place. **Le prix** est très élevé.

　　　(*The picture* was hanging in a good place. **The price** is very high.)

b. *Le tableau* était accroché sur le mur. ??**Le prix** est très élevé.

　　（*The picture* was hanging on the wall. **The price** is very high.）

　容認度 a ＞ b

　同様に例20からも、「良い場所に飾ってある絵」と「（単に）壁に掛かっている絵」では「（絵の）価格」に対する連想照応の容認度に差が観察された。このことから明らかに、連想照応は「先行詞の指示対象」と「照応詞の指示対象」の両者間の意味論的な関係だけではなく、その両者を取り巻く文脈を考慮しなければならない場合が存在することが分かる。このことは、ステレオタイプ、フレームという時間に関わらず常に成立する関係とは異なり、先行詞、照応詞の指示対象が含まれた出来事、イベント（「絵を描くこと」「絵を飾ること」など）を通して成立する関係である。ここから、語彙のフレームだけでは説明しがたい先行詞と照応詞の指示対象間の結びつきの存在が証明されると考える。ただし、ここでいう文脈はどのようなものでも良いというわけではなく、先行詞と照応詞がもつフレームと、一般的に共起しうるようなものであると思われる。

2.3　照応詞を含む文の述語内容による容認度

　次に、先行詞を含む文同様に、照応詞を含む文の述語内容が照応に影響を与えるかを見てみたい。厳密な語彙ステレオタイプ的な立場に従えば、基本的には先行詞の指示対象からの情報によって、照応詞が使用された時点で連想照応できるか否か決まるはずであり、照応詞を含む文の述部内容は影響を与えないと考えられる。しかしながら、実際はその容認度には違いがあることが観察される。

(21)　a. Paul est entré dans *une pièce*. **L'horloge** ne marchait pas.

　　　　（Paul entered *a room*. **The clock** was not working.）

　　b. Paul est entré dans *une pièce*. **L'horloge** était très grande.

(Paul entered *a room*. **The clock** was very big.)

c. Paul est entré dans *une pièce*. **L'horloge** était fabriquée en Suisse.

(Paul entered *a room*. **The clock** has been manufactured in Switzerland.)

容認度 a ≧ b ＞ c

(22) a. J'ai acheté *un stylo*. **La plume** était déjà tordue.

(I bought *a pen*. **The nib** was already twisted.)

b. J'ai acheté *un stylo*. **La plume** est faite d'or.

(I bought *a pen*. **The nib** is made of gold.)

c. J'ai acheté *un stylo*. **La plume** est fabriquée en Italie

(I bought *a pen*. **The nib** is manufactured in Italy.)

容認度 a ≧ b ＞ c

例21、22の双方とも、基本的にはすべての例文が容認可能ではある。しかしながら、例21c、22cは、明らかにその容認に関して自然さが落ちる。つまり、出来ないことはないが、なんとなく不自然な気もするという判断が出る。照応詞の述部内容の違いを見ると、照応詞の外的な状態を記述しているものに比べ、目には見えないような属性を記述しているものは容認度が下がる傾向にある。先行研究ではあまり取り上げられてこなかったことだが、連想照応可能な例文の中においても、その文の自然さという点において差があるということを本稿では指摘したい。そして、この差を生んでいるものが連想照応の可否に大きく影響を与えている例に関して考察を加えることで、連想照応に関する新たな視点を指摘するのが本稿の目的の一つである。

(23) a. Paul est entré dans *une pièce*. **La table** était complètement cassée.

(Paul went into *a room*. **The table** was completely broken.)

b. Paul est entré dans *une pièce*. **La table** était grande et ronde.

31

(Paul went into *a room*. **The table** was big and round.)

c. Paul est entré dans *une pièce*. **La table** était fabriquée en Norvège.

(Paul went into *a room*. **The table** has been manufactured in Norway.)

d. Paul est entré dans *une pièce*. **La table** était coûteuse.

(Paul went into *a room*. **The table** was expensive.)

容認度 a ≧ b ＞ c ＞ d

　もっとも連想照応が自然なのは例21a、23aのように目で見て分かる一時的状態である。例23bにおける色や形などは、対象の内在的性質ではあるが、同時に視覚的に認識し得るものであり、よって照応詞を含む文を、その対象の置かれた場を描写したものとして、聞き手（読み手）が理解できる。一方、23cや23dなど外からは見えない恒常的な性質については、場景として描写することができず、そのことが連想照応の自然さを下げていると考えられる。つまり動作か状態か属性かという区別ではなく、聞き手（読み手）に照応詞の指示対象を含む場の場景を見えるものとして、描写として、その場に在るものとして提示しているか、もしくは照応詞の対象に関する知識を記述しているかの違いが重要であると思われる。このことから、全体・部分関係を持つ典型的な連想照応において、照応詞を含む文のもつ描写の力、描写性というものが連想照応に影響を与えていることが分かる。このことは先行研究で取り上げられることが、ほとんどなかったものであり、以下のように定義する。

　連想照応における描写性（仮説）
　　照応詞を含む文の述部が、動作、状態または属性に関わらず、照応詞の指示対象を含む場面を記述し、聞き手（読み手）にその場景を、場面と共に視覚的イメージとして提供する力を、本稿では文のもつ「描写性」として定義し、連想照応の成否に関わる重要な要素として指摘する。

ただ、全体・部分関係が強いこれらの例文においては、描写性が低くても連想照応は可能である（つまりフレームによって連想照応が保証されている）。また、先行研究 Kleiber (1999) でカメラの比喩を使い、クローズアップ効果と呼ばれていた描写と連想照応の相性の良さは、ここで見る照応詞を含む文のもつ描写性に由来していたと考えるのが妥当である。

(24) Il s'abrita sous *un vieux tilleul*. **Le tronc** était tout craquelé.(Fradin 1984)
(He took shelter under *an old oak*. **The bark** was very cracked.)

(25) Nous entrâmes dans *un village*. **L'église** était située sur une hauteur.
(Kleiber 1999)
(We entered *a village*. **The church** was situated on a hill.)

　つまり、例24、25のようなよく取り上げられる基本的な連想照応の例文において、先行詞を含む文がまず遠景を写し、その後カメラが、遠景の一部であったものへクローズアップして行き、照応詞の指示対象を写しだしているような印象を与える効果があるというものである。今回の指摘は、この描写性が連想照応と相性が良いというだけでなく、描写性を伴わないと連想照応として不自然さを与えるということが重要である。つまり、それは補足的なものではなく、本質的であるという主張である。

2.4　描写性の妥当性に関して

　描写性の妥当性に関して、所有形容詞との容認度の違いからも指摘できる。連想照応という現象は、一般的に定冠詞 le / la / les を用いた照応のみをいい、所有形容詞の照応は含まない。その所有形容詞との間で、使用に関して違いがでる（ただし、連想照応全般に関して否定的なインフォーマントも存在し、すべてにおいて所有形容詞の使用をより自然で

33

あると判断した人もいる）。

(26) a. Nous entrâmes dans *un village*. **L'église** était située sur une butte.

(Kleiber 2001)

(We entered *a village*. **The church** was situated on a mound.)

b. Nous entrâmes dans *un village*. **Son église** était située sur une butte.

(We entered *a village*. **Its church** was situated on a mound.)

容認度 a ＞ b

c. Nous entrâmes dans *un village*. **L'église** a été construite au 16e siècle.

(We entered *a village*. **The church** was constructed in 16th century.)

b. Nous entrâmes dans *un village*. **Son église** a été construite au 16e siècle.

(We entered *a village*. **Its church** was constructed in16th century.)

容認度 c ＜ d

　例26であるが、連想照応である例26a、26c において、二つは照応詞を含む文の述語内容が異なり、例26a の「教会が丘の上に建っていた」に対し例26c は「教会は16世紀に建てられた」というものであり、前者は描写として理解可能だが後者はそうではない例であり、連想照応の容認度の自然さに差が表れる。それぞれを、所有形容詞に置き換えた26b、20d との間の容認度の自然さを観察すると、描写性が高いと連想照応（26a ＞26b）が、低いと所有形容詞（26c ＞26d）の使用が好まれる（基本的にこれらの例はすべて容認可能な例文であるが、その中においてどちらがより自然なフランス語であるかという意味で）。この事から、le 定名詞句を使用する連想照応に、描写性が影響を与えていることが確認できる。同様に、中性代名詞 en を付加したものに関しても同様の観察がなされる。

(27) a. Nous entrâmes dans *un village*. **L'église** était située sur une butte.

(We entered *a village*. **The church** was situated on a mound.)
b. Nous entrâmes dans *un village*. ?**L'église en** était située sur une butte.
(We entered *a village*. **The church (of it)** was situated on a mound.)
容認度 a ＞ b
c. Nous entrâmes dans *un village*. **L'église** a été construite au 16e siècle.
(We entered *a village*. The church was constructed in 16th century.)
b. Nous entrâmes dans *un village*. **L'église en** a été construite au 16e siècle.
(We entered *a village*. **The church (of it)** was constructed in 16th century.)
容認度 c ＜ d

　中性代名詞 en の付加の可能性も同じように描写性に関わり、所有形容詞の時と同じように描写性が高い場合（例27aと27b）は en の付加は不自然さを与え、逆に描写性が低い場合（例27cと27 d）は en を付加したほうが自然な文となる。このことは大木（1991）において指摘されている「en 化の制約2」[15]と関連がある考えられ、連想照応においては述部が一時的な場面を描写することが好まれ、性質叙述になると不自然な場合があるという、en の使用条件と裏返しのような性質を持つと考える。ただし本稿は連想照応の性質を扱うことが主眼であるので、この en の問題そのものには立ち入らない。しかし、先行詞と照応詞の間の関係性を保証する中性代名詞 en の付加が逆に照応の自然さを下げていることを考えると、連想照応には単に先行詞と照応詞の関係を結び付けているだけではない機能、役割があるのではないかと推測される。

---

[15] en 化の制約2：en を含む文が、en の指示対象の性質叙述である時にしか、en 化することは出来ない。そして述部の状態性が高いほど、性質叙述の解釈が容易にでき、en 化構文の容認度は高くなる。また、述部が動作を表していても、en の指示対象の性質叙述の解釈を可能にするような文脈があれば en 化構文の容認度は高まる。

2.5 先行研究における時制の扱い

　連想照応の例文において描写性を感じさせている大きな理由の一つは照応詞を含む文における半過去時制の使用である。今までほとんど指摘されることのなかったこの例文において使用されている動詞の時制というものが、フランス語の連想照応において、その照応の可否に影響を与えていることを見ていきたい。

(28)　Il s'abrita sous *un vieux tilleul*. **Le tronc** était tout craquelé.

(Fradin 1984)

(He took shelter under *an old oak*. **The bark** was very cracked.)

　例28は典型的な連想照応の例文であるが、時制を見ると、先行文が単純過去、後続文が半過去である。以下、先行研究でよく用いられているタイプの例文を挙げる。

(29)　Nous entrâmes dans *un village*. **L'église** était située sur une butte.

(Kleiber 2001)

(We entered *a village*. **The church** was situated on a mound.)

(30)　Je suis entré dans *la pièce*. **Les chandeliers** brillaient vivement.

(Kleiber 2001)

(I entered *the room*. **The candlestands** were shining brilliantly.)

(31)　Jean est allé *se promener* dans l'après-midi. **Le parc** était magnifique.

(Kleiber 2001)

(John went to *go for a walk* in the afternoon. **The park** was wonderful.)

　例文の多くにおいて後続文は半過去時制を取っている。実際、連想照応の先行研究として、それまでの先行文献を広く網羅している Kleiber

(2001)において連想照応とされている例文約90の内、約７割がこのタイプである[16]。照応詞を含む後続文において半過去時制を用いることで、後続文は先行文と同じ場面を共有し内容を補う説明となり、先行文が表すイベント内における状況を描写する機能を担っていると考えられる。そこにおいては、先行文で導入された時間が進行することなくそのまま受け継がれていくことになる。先行文が導入する「全体（性）」から、後続文の照応詞が表す「部分（性）」に視点が代えられるだけで、談話内の時間は進行していないことが見て取れる。この形こそが連想照応の基本形ではないかと本稿は考える。しかしながら、連想照応の先行研究において、このような動詞の時制や、文脈上の時間経過に関しては、ほとんど指摘されることがなかった。

　後続文が半過去形をとらず、時間的経過が感じられる例も存在するが、その数は少ない。その中からいくつか挙げてみる。

(32) Nous entrâmes dans *un restaurant*. **Le garçon** refusa de nous servir le menu. (Kleiber 2001)

(We entered *a restaurant*. **The waiter** refused to serve us the set meal.)

(33) *La voiture* dérapa et s'écrasa contre un platane. **Le conducteur** fut éjecté.

(Kleiber 2001)

(*The car* slipped and crashed against a tree. **The driver** was ejected.)

(34) Paul a réparé *une vieille voiture*. Il a dû changer **le volant**.

(Kleiber 1991)

(Paul repaired *an old car*. He had to change **the handle**.)

16　連想照応とされる例文は約90文。そのうち単純過去＆半過去の例は23、複合過去＆半過去が16、半過去＆半過去13、後続文が現在型で状況を表す例が８。それ以外が、21。

第１章　先行研究と本稿の仮説

ただし、これらの例においても先行文が表す出来事と、後続文が表す出来事を見比べてみると、概ね照応詞を含む文が表す出来事は、先行文の表す出来事の中に包摂される関係にある。例32ではレストランでの食事であり、例33では交通事故の場景、例34は典型的であるが、車の修理の場面であり、照応詞を含む文は先行文が表す修理の状況の具体的な内容を表している。このことから連想照応においては、先行詞を含む文と照応詞を含む文の間に共通の出来事が一つしか存在しないこと、つまり両者の間で時間的経過が希薄であることが、その成立の可否に影響を与えているのではないかと考えられる。これは先に見た照応詞を含む文が描写的であるべきという主張とも整合性のとれたものであると言える。照応詞を含む文は、先行詞で導入された状況、イベントへの言及、内部描写であるという構造が連想照応の本来的な形ではないかと考える。その上で、本稿では、時間的経過というものが連想照応において一つの制約に成り得るという立場に立って、フランス語における連想照応を検討して行きたい。

2.6 本稿の仮説

先行研究で取り上げられたフレームの必要性の問題、文脈の関与の度合いの問題、そして先行研究では指摘されなかった事柄であるが、連想照応の例文の特徴として照応詞を含む文は圧倒的に半過去時制であり先行詞を含む文の時間を引き継ぐ傾向がある点から、本稿では以下のような仮説を立てる。すなわち、フレームに代表される先行詞と照応詞の指示対象間の包摂関係における強弱と、先行詞と照応詞の指示対象における時間的な包摂関係の有無によって連想照応の可否は決まってくる。すなわち、連想照応が可能な条件として、まずフレームの存在が挙げられる。それは、ある社会、文化のなかで一般に共有される知識の集合であり、文脈に関わらず、つまり特定の時間に関係なく常に、先行詞と照応詞の指示対象の関係を保証するものであり、このタイプにおいては時間の制約はかからないと考える。次に、フレームの様に、常に無時間的に

存在するのではなく、先行詞、照応詞の指示対象がある出来事・イベントを通して、そのイベント内の要素として理解されフレームが補強されることで、全体・部分の関係を獲得し連想照応が可能になるものがある（「絵を描く」ことと「美しさ」や「絵を展示すること」と「価格」の例文のような）。この関係においては、先行詞を含む文、照応詞を含む文における文脈というものが考慮され、文脈という追加情報によってフレームの代わりとなる関係を構築する。本稿ではそれを仮にイベントシナリオと呼ぶことにする。つまり、ある一つの時間をともなったイベント（出来事）とそれを構成する要素からなる全体・部分関係であり、フレームのように時間に関係なく常に働くものではなく、特定のイベントとその要素間に成り立つものであり、先行詞と照応詞の指示対象は、その特定のイベント内の要素であるから、同じ時間を共有している必要がある。その時間の共有性はイベント内部の時間的推移が当然存在しているので厳密に同時性が求められるものではなく、あくまで同じ一つのイベント内であるという意味である。無時間的ではないが、閉じられた時間（一つのイベント）を共有している。さらに、連想照応には、すでに見たように描写性というフレームとは別の原理が働いており、それによって場面の固定がもたらされる場合が存在する。そこにおいては照応詞を含む文における半過去時制の使用による描写表現によって、先行詞と照応詞の指示対象が同じ時間を共有することになり一つの場面を形成することで、まさにその作られた場において、先行詞と照応詞の指示対象の関係性が保証されていると考える。これはイベントシナリオとは異なり、同じ時間に先行詞と照応詞の指示対象が認識される必要があり時間の制約が厳しくかかるものである。以上のことを以下にまとめる。

先行詞と照応詞の包摂関係	時間の制約
フレーム	なし
イベントシナリオ	$S1(t1) \supset S2(t2)$
場面の固定（描写性）	$S1(t1) = S2(t1)$

＊ S1: 先行詞を含む文　S2: 照応詞を含む文　t1: 先行詞を含む文のもつ時間　t2: 照応詞を含む文の持つ時間

　先行詞と照応詞の指示対象の包摂関係が時間に関係なければ、時間によって制約をかける必要はなく、逆に包摂関係が時間を伴う場合は、時間的な同一性によって先行詞と照応詞の関係性を明確にすることが必要になると本稿は考える。表は簡略化して書いてあるため現れていないが、イベントシナリオの中にはフレームが必要であり（フレームに追加の要素を加えたものがイベントシナリオであり）場面の固定においても時間を固定することによってフレームが作りだされることになるため、フレームというものは連想照応においては必要条件である。また反対に、フレームを有する連想照応においても、照応詞を含む文の時制は半過去が多く、時間的な同一性があることが望ましいと考えられる。連想照応においては基本的に、先行詞と照応詞の指示対象は同じ一つの場面で認識されることが好ましく、またそのように一つの場面を設定する為に連想照応が用いられるのだと本稿は考える。

3　まとめ

　先行研究が指摘してこなかったフレーム以外の条件として、連想照応が用いられている多くの例文が半過去時制をとっていることを指摘し、フランス語の半過去時制のもつ描写性というものが連想照応の可否に影響を与えていることを明らかにした。先行研究において知覚動詞や移動を伴う文脈などが連想照応に影響を与えると言われてきたが、それらの効果は基本的に描写性を高める為であり、照応詞を含む文の述語が描写

性の高いものほど連想照応と親和性が高い。しかしながら描写性はフレームと補完的に働くものであり、それだけで連想照応の必要十分条件ではない。その上で、本稿において、連想照応における描写性を「照応詞を含む文の述部が、動作、状態または属性に関わらず、照応詞の指示対象を含む場面を記述し、聞き手（読み手）にその場景を、場面と共に視覚的イメージとして提供する力」として定義し、連想照応の成否に関わる重要な要素として指摘した。描写性が高い文脈とは、先行表現を含む文と照応詞を含む文が同一の場面を共有していて、先行文に現れた出来事に対して照応詞を含む文も記述する場合であり、より抽象的なレベルで言うならば、先行表現の指示対象と照応詞の指示対象が同じ時間上で認識されることが連想照応の条件であると考えられ、このことから本稿の仮説が構築されるものである。

第2章

身体部位の連想照応

1 身体部位の連想照応

　この章では連想照応の中でも特に問題となる身体部位に関して、本稿の仮説、つまり描写性や時間の制約によってその成立の可否が説明できるかを見て行きたい。身体部位の連想照応には次の2点の問題が存在する。

　i) フランス語において、なぜ身体部位は連想照応しないのか。
　ii) 身体部位が連想照応できる場合があるが、それは如何なる理由からか。

(1) *Jacques* est tombé du deuxième étage. ***Le pied** est cassé.　(Azoulay 1978)
　　(*Jack* fell from the second floor. **The leg** is broken.)

(2) *Max* entre. ***Les yeux** sont hors de leurs orbites　　　　(Julien 1983)
　　(*Max* enterd. **The eyes** are out of their sockets.)

(3) Pierre a exposé *son dernier tableau*. ***La beauté** est fascinante.
　　　　　　　　　　　　　　　　　　　　　　　　　　(Azoulay 1978)
　　(Pierre exposed *his lastest painting*. **The beauty** is fascinating.)

(4) Il y avait *une valise* sur le lit. ***Le cuir** était tout taché.　(Kleiber 1999)

(There was *a suitcase* on the bed. **The leather** was very spotted.)

　フランス語の連想照応において先行研究で問題となるのが身体部位と属性に関する連想照応である。身体部位は、人間の体全体とその一部分（例えば腕、足など）として、他の連想照応同様に、全体・部分の関係が存在しているように感じられるものである。しかしながら、一般的には連想照応は成立しない。先行研究 Kleiber (2001) で論じられているように、フランス語文法における aliénabilité（分離不可能性）[17]において、人間の体の一部は、人間の全体性を離れて認識することが難しいので部分として分離することはできず、よって全体・部分の関係を築けないためにステレオタイプがそこには存在しないと考えられている。これが問題ⅰ）の「なぜ連想照応しないのか」に対する解答であり、本稿においても基本的に踏襲している考えである。その上で、先行研究で指摘されているように、以下のような例文においては、連想照応が起こっている。

(5) J'ai examiné *l'accidenté* du lit 3. **La jambe** est fracturée.　　(Azoulay 1978)
    (I examined *the injured* of the bed 3. **The leg** is fractured.)

(6) *Le malade* est livide. **Les yeux** sont hors de leurs orbites.　　(Julien 1983)
    (*The patient* is pale. **The eyes** are out of their sockets.)

(7) Autour de la table *les joueurs* s'épiaient. **Les mains** étaient crispées sur les révolvers.　　(Fradin 1984)
    (Around the table *the players* was watching each other. **The hands** were clenched on the revolvers.)

17　一般にフランス語文法における分離不可能性（譲渡不可能所有とも訳される）と連想照応におい用いられる分離不可能性は若干その範囲が異なる。詳しくは本章1.2節で取り上げる。

(8) *Les coureurs* redoublent d'effort. On voit **les muscles** saillir sous les maillots. (Fradin 1984)
(*The runners* redouble effort. We see **the muscles** protrude under the shirts.)

これらの例から、問題 ii) である「身体部位が連想照応できる場合があるが、それは如何なる理由からか」を考えるが、連想照応の特殊な例、もしくは身体部位の特殊な例として扱うのではなく、他の一般的な全体・部分関係を持つ連想照応と整合性を持った説明を与えることがこの章の目的である。

1.1　分離可能性　—Kleiber (2001) とその問題点—

まず、身体部位の問題を扱う上で重要な概念である分離可能性に関して、先行研究である Kleiber (2001) を見てみたい。Kleiber によれば連想照応とは文脈上間接的な指示対象を取る現象であり、先行する表現の指示対象を介して新たな指示対象を導入することと定義される。定冠詞 le の使用条件に関しては、照応詞の生物／非生物である区別や、個体物であるか属性であるかといった照応詞の性質によって論じられている。それを洗練させた形で、Kleiber は連想照応が可能な照応詞の条件を次のように定義する[18]。

> Condition d'aliénation（分離可能性条件）：連想照応の指示対象は先行詞の指示対象との関係において自立的であり、独立して存在できなければならない。
> Principe de congruence ontologique（存在論的同一性条件）：先行詞の指示対象と照応詞の指示対象が存在論的に同質である時においてのみ連想照応における分離可能性というものは満たされるこ

18　Kleiber (2001 : 241-248)

とになる。

　これにより先行詞と照応詞の指示対象の関係は、相互の依存関係、そして照応詞の指示対象の存在論的な性質によって次のように分類しなおされる。

　先行詞・照応詞の指示対象の分類
　　ⅰ) 先行詞と照応詞の指示対象は、無依存的に、自立存在している。(categorematic)
　　　例：Nous entrâmes dans *un village*. **L'église** était située sur une butte.
　　　　(We entered *a village*. **The church** was situated on a mound.)
　　ⅱ) 先行詞と照応詞の指示対象は、依存関係にある。(syncategorematic)
　　　1) relationnel な名詞句：依存関係はある一面に限られ、他の要素は自立し得る。
　　　　例：Paul a choisi *ce roman*, parce que **l'auteur** lui était familier.
　　　　　(Paul chose *this novel*, because **the author** was familiar to him.)
　　　2) 照応詞は先行詞の構成要素（部品）：部分－全体の構成をとる。
　　　　→様々なケースに分かれる（生物／非生物の区別が存在）
　　　3) 動詞や形容詞から派生した名詞句：依存性がつよく、自立存在していない。
　　　　→連想照応を起こさない

　このことから連想照応において、依存度が高いほど先行詞と照応詞の関係が明確で連想照応が起こり易いと考えられるが、分離可能性条件から依存度が高いと照応詞の指示対象は自立的でなくなり連想照応に適さないということになり、そこに連想照応の容認度に関する問題が起こる。しかし、Kleiber に拠れば重要な点は、連想照応の成立は先行詞と照応詞の指示対象間の分離可能性条件にかかっており、存在論的同一性は補助的な役割を演じるにすぎないということである。つまり、先行詞と照

応詞の指示対象の間にステレオタイプが存在しており、かつ照応詞の指示対象が分離可能性条件を満たしていることが連想照応の成立条件になるという主張である。そして、存在論的同一性はその原則で説明できないタイプの連想照応、身体部位を伴うものや属性の連想照応を説明するための付属の条件となっている。

(9) Nous entrâmes dans *un village*. **L'église** était située sur une butte.
(Kleiber 2001)
(We entered *a village*. **The church** was situated on a mound.)

(10) Paul choisi *ce roman*, parce que **l'auteur** lui était familier. (Kleiber 2001)
(Paul chose *this novel*, because **the author** was familiar to him.)

(11) Il s'abrita sous *un vieux tilleul*. **Le tronc** était tout craquelé.(Fradin 1984)
(He took shelter under *an old oak*. **The bark** was very cracked.)

(12) Paul a acheté *une voiture*. ***La couleur** est rouge.
(Paul bought *a car*. **The color** is red.)

村と教会はともに独立しており、小説と作者、木と樹皮も依存関係は違えども、個々に取り出して存在できる。一方で、全体と独立して存在し得ない属性に関する例12の「色」は連想照応できないと説明される。車から色だけを取り出して存在させることが出来ないという意味においてである。これらの例はすべて、分離可能性条件によって連想照応の可否が決定される例である。

(13) *Marie* est une vieille Haut-Rhinoise. ***La naissance** a eu lieu avec le siecle.
(*Marie* is an old High-Rhinoise[19]. **The birth** took place with the

century.)

(14) Il y avait *une valise* sur le lit. ***Le cuir** était tout taché.
(There was *a suitcase* on the bed. **The leather** was very dirty.)

(15) *Une femme* rêvait. ??**Les yeux** étaient fermés.
(*A lady* was dreaming. **The eyes** were closed.)

　存在論的同一性を問われるのは、例13のようにある人間とその誕生というような明らかに関係性がありながら連想照応しないものに対してである。例14のように、先行詞の指示対象「かばん」は物量的＋形的 (matière + forme) な存在であるのに対して、照応詞の指示対象「皮」が単に物量的 (matière) であるために不適であるとされる。また、例15の身体部位に関しても、全体である先行詞「ある女」には意志 (intentionnalité) があり、照応詞の指示対象である身体部位「瞳」には意志がないので、存在論的に同一ではないため連想照応しないと説明される。この考え方の利点は、基本的に個別の文脈を考慮しなくても、先行詞と照応詞の指示対象のあり方、厳密には意味論的ではないにしろ語彙ステレオタイプ的な要素によって連想照応の可否が決まるという点である。出来うる限り語用論的な、個別の文脈というものを介在させない形で連想照応の問題を解決しようというものである。それは語彙ステレオタイプ的な立場のもともとの方向性であり、談話認知的立場が過度に文脈を重視することへの反対でもある。問題は、分離可能性条件、存在論的同一性条件では説明しがたい例があるということである。

(16) Pierre a exposé *son dernier tableau*. **Le prix** est très élevé. (Azoulay 1978)
(Pierre exhibited *his lastest picture*. **The price** is very high.)

19　英語表記が不明の為、フランス語のまま。フランス「オー＝ラン地方出身の人」。

(17)　*Le malade* est livide. **Les yeux** sont hors de leur orbites.　　(Julien 1983)
　　　(*The patient* is pale. **The eyes** are out of their sockets.)

　Kleiber が自ら挙げている例であるが、先行詞と照応詞の指示対象の存在論的同一性が異なるように見える二つの例である。定義からいって、「絵」と「価格」が存在論的に同一とは思われないが、容認可能な理由として例16においては「絵を展示する」という行為・状況の中に「価格」という概念が含まれ容易に推論が成り立つとされる。先行詞は基本的に「絵」であるが、ここでは例外的に動詞表現である「展示する」も連想に必要となり、文脈というものを考慮しなければならなくなっている。また例17の身体部位において連想照応が許される例文に関しては、身体の一部ではあるものの医者の見地からは、一個の存在として部分が全体から切り離された状態で存在しているので、分離可能性が得られるとされ存在論的同一性は無視されるという。このように、分離可能性条件、存在論的同一性条件をあくまで守るために、反例に対してそのつど新たなる説明を加えている。そもそも、意味論的なステレオタイプが第一の条件であり、それを補強、明確化するための分離可能性条件であったはずだが、その条件を守るために存在論的同一性というものを持ち出し、結果としてステレオタイプ以外の説明が必要になるという説明は統一性に欠けるものであると思われる。

1.2　本稿における aliénabilité（分離可能性）の問題

　本稿で使用する aliénabilité（分離可能性）をここで説明しておくと、基本的には Kleiber の先行研究でみた分離可能性条件（condition d'aliénation）における概念を踏襲しており、「連想照応の指示対象は、先行詞の指示対象との関係において自立的であり、独立して存在できなければならない」というものである。これは、一般にいう譲渡可能／譲渡不可能所有という区別とは異なっているので注意が必要であると思われる。譲渡「不可能」所有の例には、la jambe de Pierre など身体部位表

現とともに les pieds de la table という無生物の「全体・部分」関係も含まれる。しかし、連想照応においては無生物の「全体・部分」関係をなすものに関しては、一般にその照応が容認される。Kleiber の言う分離可能性というものは、先行詞の全体 A と照応詞の部分 B が、le B de (Dét) A という表現が可能である時に、le B が de (Dét) A の指示対象の力を借りなくとも単独で独自の指示対象を取り得ることを指す。

(18) Nous entrâmes dans *un village*. **L'église** était située sur une hauteur.
(Kleiber 1999)
(We entered *a village*. **The church** was situated on a height.)

例18における l'église は先行詞である un village の指示対象とは切り離して（つまり「ある村の一教会」としてではなく）、例えば、聖マリア教会として一個の個体として指示対象を取ることが出来るとされる。同様に、譲渡不可能所有とされる「テーブルの脚」les pieds de la table においても、テーブルからその脚を外した状態においてもそれは対象として存在しうる（少なくともそう見なせる）ので、分離可能性条件を満たしているとされる（部品としてテーブルの脚が単体で売られていてもおかしくはないという意味において）。本来的には、全体に添う形で存在するのが一般的であるにしろ、その依存関係が低いものは別個独立して談話内に存在することが可能であるとされる。この依存度に関しては、Kleiber の考えを敷衍するならば、その部分 B を同じ type 知識を持つ他の個体で置き換え可能かどうかということが、分離可能性の基準であると本稿では考える。

(19) J'ai acheté *un stylo*, mais j'ai déjà tordu **la plume**. (Fradin 1984)
(I bought *a pen* yesterday, but I already twisted **the nib**.)

stylo（全体）と plume（部分）の関係においてペン先はモノとしての

個体性が低く(個体同定に至らないという意味において)、曲げてしまったペン先1と新たなペン先2を交換しても万年筆の全体性に影響を及ばすことはない。このことは、談話との関係では、万年筆とペン先がフレーム(全体・部分の関係)を構成するのは、先行詞や照応詞を含む特定の談話内ではなく定名詞句の語彙内容が開く一般的な共有知識のレベルであるということを意味する。つまり、談話内に存在する特定の万年筆とペン先の間にフレームにおける包摂関係を作るのでなく、あくまでsortal知識[20]のレベルにおいて全体・部分関係を構築する。一方、身体部位や属性における全体と部分の関係は、部分を他の要素に交換することは出来ない。身体部位は、身体の持つ人間であるという個体性の高さから他の身体部位に変更することは通常考えられない。属性に関してはその依存度の高さゆえ全体を欠いた形での部分というものは存在しえない(属性だけを存在として取り出し提示することが出来ない)。つまり基本的に同じ働きをする代えの効く存在というものが想定できず、全体から切り離された状態というものが、通常は想定できないものである(後に見るが、身体部位に関して死体や手術において切り離されることがあるが、それは通常の場合ではない)。先行詞と照応詞を一般に共有される知識(フレーム)から解釈しなおすというメカニズムこそが連想照応の基本的な条件であり、身体部位などのinaliénable(分離不可能)な関係においてはそれができない、つまり常に特定の個体との関係性が認識され、一般知識というもので再解釈する必要もなく談話に現れてしまう。故に、通常の認識において身体部位は連想照応しないと結論することができる。ただし、時代、社会的要素が変わり、身体部位が容易に再生医療で交換可能になれば、他のモノ同様に連想照応が可能になるかもしれない。

---

20 東郷(1999)より。対象の同定に関わる二つの知識には、token知識(指示対象(個体)そのものに関する知識)とtype知識(指示対象の属するクラスに関する語彙的・百科辞典的知識)があるとされ、さらに、type知識は、所属するクラスを表すsortal知識、anchorとの関係を示すrelational知識に分けられる。

1.3　先行研究　Julien（1983）―医学的文脈による脱人間化―

基本的に連想照応しない身体部位に関して、連想照応が起こる原理を説明した Julien (1983) は多くの先行研究で取り上げられるものである。Azoulay (1978) によって指摘されているが、身体部位がその「全体」にあたる体と連想照応しないことは、単語の意味の問題ではないことが以下の例からわかる。

(20)　*Jacques* est tombé du deuxième étage. *Le pied* est cassé.　(Azoulay 1978)
　　　(*Jack* fell from the second floor. **The leg** is broken.)

(21)　*La statuette* est tombée. **Le pied** est cassé.　　　　(Azoulay 1978)
　　　(*The doll* fell. **The leg** is broken.)

(22)　J'ai examiné *l'accidenté* du lit 3. **La jamble** est fracturée.　(Azoulay 1978)
　　　(I examined *the injured* of the bed 3. **The leg** is fractured.)

例20の身体部位が照応不可なのに対し、先行詞が人形である例21の「全体」la statuette と「部分」である身体部位 le pied は照応可能である。そして問題となる例22において、「全体」である怪我人 l'accidenté と「部分」脚 la jamble は、明らかに人間にも関わらず照応が容認される例である。Julien (1983) では医学的視点の導入による脱人間化という考えを提案している。専門的な医学的文脈においては、患者は個人という人間としてではなく、観察対象であるモノとして認識されるために脱人間化され、例21の人形と同じような扱いを受けることになるというものである。今後の本稿との関連で重要と思われるのは、身体部位が連想照応可能か否かの判断に、対象をどの様に認識するかという判断が加わっている点である。単語の意味では分離不可能 (inaliénable) な手や足といった身体部位であっても、人形のように取り替え可能な場合、また手術や怪我により場合（文脈）によっては人間であっても切り離し可能、つま

り分離可能 (aliénable) なものとして認識し得るということである。連想照応にとって重要な先行詞と照応詞の関係性は、単語の持っている意味だけのものではなく、それを取り巻く文脈もしくはフレームに左右されていることが分かる。つまり、先行詞と照応詞の明示的・表面的な意味だけを追っていてもこの問題は解決しないと考えられる。またこの脱人間化には別の側面もあり、それは人間の個体性に因るものである。Julien の指摘するように先行詞の人間の個体性の違いが容認度の差を生む。

(23)　*Max* entre. ***Les yeux** sont hors de leurs orbites.　　　(Julien 1983)
　　　(*Max* entered. **The eyes** are out of their sockets.)

(24)　*Une femme* entre. ??**Les yeux** sont hors de leurs orbites.[21]
　　　(*A lady* entered. **The eyes** are out of their sockets.)

(25)　*Le malade* est livide. **Les yeux** sont hors de leurs orbites.　　　(Julien 1983)
　　　(*The patient* is pale. **The eyes** are out of their sockets.)
　　　容認度 (23) ＜ (24) ＜ (25)

　この容認度の違いから、人間の全体としての体から手足の一部が切断され分離した場合、その切断された部分と切断元の人間との間で同一性を問うことが、ある種異常な感じを与えることが理解される。例えば、Max の腕の肘から先が切断され単独で放置されている場合、その手が「Max の手」であるという認識は生じにくい。個人から分離されてしま

21　基本的にはほとんど容認されない例であるが、小説の一部であるように感じ、それならば良いかもしれないとするインフォーマントがいる。この例に限らず小説的な表現としてなら容認度が高まる例は多い。また、逆に連想照応は小説的な感じを受けるとするインフォーマントも多い。この事に関しては、本稿でも重要な点として後に取り上げることになる。

った時点で「種としての人間の手」として認識される（何か特徴的なしるしでもない限り、また鑑識作業の場面など特殊な文脈でない限り）。このことにより、通常は分離不可能なものとして認識される個人の身体部位は連想照応には適していないと考えられる。一方で、J'ai acheté *un stylo.* **La plume** était déjà tordue. の例で見たように万年筆とペン先の場合は、個体である万年筆に関して部分であるペン先が交換可能な形で潜在的に複数存在しており（ペン先自体が取り替えように売られている）、ここで言うところの「種としての人間」と同じように、個体のレベルを離れた照応が容易に連想できるのではないかと考えられる。身体部位を表す語彙でも人形の場合はパーツとして交換可能であり連想照応が可能になる。また例24のように個人を特定できないような場合、不自然ながら若干容認度が上がることからも、人間の高い個体性が連想照応を不可能にしていることが察せられる。医学的文脈において身体部位が連想照応可能であるという Julien の指摘は、人間から個体性を捨象する方向へ持っていけば、身体部位も連想可能であることを示していると本稿では考える。つまり、人間を個人としてではなく、万年筆と同じような単なるモノの一つとしてみなせるならば、もはや人間ではなくなるので、一般的な全体・部分関係をもつ存在として認識できるのではないかと考える。

1.4　先行研究 Fradin（1984）―シナリオまたは因果関係―

　Julien (1983) の指摘した医学的視点が存在しない文脈において身体部位が連想照応する例に関して Fradin (1984) は、シナリオまたは因果関係（原因・結果）の有無による説明を提唱している。照応詞の対象が先行詞の対象と密接な関係にあるということが、その文脈に示されたシナリオや因果関係によって補強されればよいというものである。身体部位というものは、混同してはならないのだが、全体・部分のフレームというものは持っていないが (部分が部分として自立存在し得ないため)、全体・部分の関係性というものは存在しており（足や手、瞳といったも

のは人間の体の一部であるという認識は存在する）、問題はどようにして、人間のもつ個体性から離れてもともとある全体・部分の関係性を回復するかということである。先行詞と照応詞の間に、医学的文脈（フレーム）に相当する、何か語彙、意味論以外の文脈、フレームの存在を問題にしていると思われる。

(26) *Le garcon* a couru sous la pluie. ***Les pieds** étaient mouillés.
　　　　　　　　　　　　　　　　　　　　　　　　　　　　(Fradin 1984)

(*The boy* ran under the rain. **The legs** were wet.)

(27) Autour de la table *les joueurs* s'épiaient. **Les mains** étaient crispées sur les révolvers. 　　　　　　　　　　　　　　　　　　(Fradin 1984)
(Around the table *the players* were watching each other. **The hands** were clenched on the revolvers.)

(28) *Les coureurs* redoublent d'effort. On voit **les muscles** saillir sous les maillots. 　　　　　　　　　　　　　　　　　　　　(Fradin 1984)
(*The runners* redouble effort. We see **the muscles** protrude under the shirts.)

　Fradinに拠ればこれらの例の容認度の差はシナリオまたは因果関係（原因・結果）の有無にあるとされる。すなわち、例26は例27、28に比べてシナリオや因果関係が少ないとされる。しかし、「雨の中を走って、足が濡れる」という事態に因果関係は十分存在しており、またその関係性が「走者が頑張って走って、筋肉が揺れるのが見える」のに比べてどうシナリオ的に関係性が低いのかという説明はされていない。むしろ因果関係という用語で言えば、前者の方がそれらしいといえる。ここで積極的にFradinの意図を汲むならば、後者の照応可能な例は、場面の一貫性が強く示されている。一方、例26は、なぜ「部分」である身体部

位に言及したのかという理由に乏しい。しかし、この説明、つまり文中における明示的な身体部位への言及の有無というものが、シナリオや因果関係という言葉で表現されるのであれば、少し適切でないように思われる。つまり、Fradin が指摘するように、何らかの補足的な条件が存在しなければ身体部位が照応可能になった理由が説明されないが、それは「シナリオ・因果関係」と呼ぶのは不適当ではないかと本稿は考える。

1.5　先行研究—Kleiber (1999), (2001)—

　Fradin の例に対して Kleiber は Julien (1983) を支持して、視点（point du vue）の違いが、身体部位の持つ分離不可能性 (inaliénabilité) を無効にしているとする。つまり、医学的文脈で見られた医学的見地の代わりに、例27では「見合う」s'épier（文中では s'épiaient）、例28では「見る」voir（文中では voit）という知覚動詞の使用が、カメラのズームアップのように身体の一部を切り取る形で全体から部分を際立たせているとされる。つまり、知覚動詞の使用によって知覚される範囲、場面というものが明確になり、その範囲内において切り取られた身体部位は、全体である人間の個体性から切り離されて認識できるという考え方である。

(29)　Il y avait *une valise* sur le lit. ***Le cuir** était tout taché.　　(Kleiber 1999)
　　　(There was *a suitcase* on the bed. **The leather** was very dirty.)

(30)　Paul toucha *la valise*. **Le cuir** était tout souple.　　(Kleiber 1999)
　　　(Paul touched *the suitcase*. **The leather** was very soft.)

　同様に例29、30の照応の違いに関して Kleiber は「触る」toucher（文中では toucha）という動詞により指示対象において焦点の当たっている領域が物量的な部分に限定されるということが重要であるとする。Langacker (1987) の active zone の概念を用い、「触る」という動詞が、触ることによって得られる領域を作り出すとして、知覚動詞と同じ役割を

していると説明される。ここにおいても先行詞と照応詞の関係性だけではなく、それを取り巻く文脈が連想照応の可否に影響を与えていることは確実である。Kleiberが提唱したステレオタイプや分離可能性条件自体は間違っているとは思われないが、それだけで連想照応が説明できるわけではないことが、身体部位や属性の連想照応から明らかである。ここで指摘されている知覚動詞（それに類するもの）の使用という新たな条件は、分離可能性条件と存在論的同一性条件の中ではどのように扱われるのか疑問であるし、またこの知覚動詞が必要であるという条件そのものにも問題があるように思われる。

(31)　a. Autour de la table *les joueurs* s'épiaient. **Les mains** étaient crispées sur les revolvers.　　　　　　　　　　　　　　　　　(Fradin 1984)

　　　(Around the table *the players* were watching each other. **The hands** were clenched on the revolvers.)

　　b. Autour de la table *les joueurs* étaient assis. ?**Les mains** étaient crispées sur les revolvers.

　　　(Around the table *the players* were sitting. **The hands** were clenched on the revolvers.)

　　容認度 a ＞ b

(32)　a. *Les coureurs* redoublent d'effort. On voit **les muscles** saillir sous les maillots.　　　　　　　　　　　　　　　　　　　(Fradin 1984)

　　　(*The runners* redouble effort. We see **the muscles** protrude under the shirts.)

　　b. *Les coureurs* redoublent d'effort. **Les muscles** saillent sous les maillots.

　　　(*The runners* redouble effort. **The muscles** protrude under the shirts.)

　　容認度 a ≧ b

　例31の容認度から見て、確かに知覚動詞を伴わない例31bの「競技者

は座っていた」とすると連想照応の自然さが下がる。しかしながら、例32a、bのように殆ど変わらない場合もあり、また基本的に身体部位の連想照応に知覚動詞の存在そのものは必要ない例を挙げることも出来る。

(33) *Elle* jouait du piano dans le salon. **Les doigts** glissaient sur les touches.
(*She* was playing the piano in the salon. **The fingers** were gliding over the keys.)

　このことから、必要なのは知覚動詞やそれに類する表現の存在ではなく、照応詞を含む文が、ここでは知覚動詞によってもたらされた場面を表していること、すなわち描写性を持っていることが重要ではないだろうか。Kleiber のいう分離可能性条件はもともと先行詞と照応詞の指示対象が持っている関係性であり、これら身体部位の例文では満たされていない。知覚動詞の使用など個々の文脈が分離可能性条件を修正し、連想照応を可能にするということならば、文脈こそが逆に連想照応の可否を決める第一条件になりかねない。そうではなく、本稿の仮説で述べたように、知覚されることによって明確になる場面、その場面を認識できることが、身体部位の連想照応を可能にしていると考える。すなわち、照応詞を含む文が描写性を持っていることが、分離可能性をもともと持たない身体部位に、その場限りの分離可能性を付与することで連想照応を可能にしていると考えるのである。分離可能性条件を満たしていない場合においても、描写性によって身体部位、属性は連想照応しうると主張したい。このことは、先に見た医学的文脈において身体部位が連想照応可能だったこととは、全く違う原理であることも確認しておきたい。医学的文脈においては、身体部位は分離可能性を満たす存在である（つまり人形の手足同様のモノであると見なせる）。

2 身体部位の連想照応と描写性

本稿では先の章で示した「描写性」の概念が身体部位・属性の連想照応を理解する上で重要であることを示した。身体部位の連想照応においては分離可能性が満たされず、全体・部分の関係性が成り立っていないことから基本的にフレームというものが存在していない。その上で、身体部位が連想照応できるのはなぜかという問いに対して、照応詞を含む文が「描写性」を備えており、場面の固定が行われているからであるという解答を示したい。

2.1 身体部位を含む例文に関する容認度

まず身体部位の連想照応のメカニズムを扱う前に、先行研究で取り上げられている例文の容認度に関して取り上げてみたい。

(34) a. *Jacques* est tombé du deuxième étage. ??**Le pied** est cassé.

(Azoulay 1978)

 (*Jack* fell from the second floor. **The leg** is broken.)

b. *Jacques* est tombé du deuxième étage. **Son pied** est cassé.

 (*Jack* fell from the second floor. **His leg** is broken.)

容認度 a ＜ b

先行研究 Azoulay (1978) において、例34a は容認不可とされるが、改めてインフォーマント調査をすると一部容認度に関して34a 方が34b よりも自然な感じがすると判断するインフォーマント[22]もおり、先行研究ほどは、人の身体分位の連想照応の不可能性は絶対的であるとは感じられ

---

[22] 基本的に文学を理解する（好む？）インフォーマントにおいて、連想照応に対する寛容度が高い傾向にある。極端な意見としては、想像力で補えばほとんどの例に関して容認できるという人もいた。

ない。少なくとも「折れた、壊れた」という述語はその場面を表す描写とも受け取られ、照応詞を含む文は、ある出来事の描写の一部と読める。このような例文が容認可能と判断されることに関しては、つまり身体部位は基本的に全体・部分の関係性を持っていないにもかかわらず連想照応が認められるというのは、本稿の提唱する描写性が働き、照応を可能にならしめていると考えられるのではないだろうか。

(35) a. *Jacques* entra. ***Les yeux** étaient bleus.
　　　(*Jack* entered. **The eyes** were blue.)
　　b. *Jacques* entra. **Ses yeux** étaient bleus.
　　　(*Jack* entered. **His eyes** were blue.)
　　容認度 a ＜ b

ただし、照応詞を含む文において恒常的性質を表すと強く認識される述語が伴う場合には、先行研究どおり連想照応は起こらない。そしてこの身体部位と恒常的性質をあらわす述語の組み合わせの場合が、最も連想照応の容認度が低く（すべてのインフォーマントが容認不可とした）、容認度に差の出ることも多い他の例とは一線を画していた。恒常的性質を伴うと、人間の持っている個体性の高さによって、照応詞を含む文は、二重判断の文として理解されるためであると考えられる。つまり、常に特定の個人の身体部位への言及として理解されるためにそれはもはや部分としては認識されず、つねに全体（個体性をもった人間）と不可分なものとして認識されることで連想照応が不可能になっていると考えられる。

(36) a. *Sophie* rêvait. ?**Les yeux** étaient fermés.
　　　(*Sophie* was dreaming. **The eyes** were closed.)
　　b. *Sophie* rêvait. ***Les cheveux** étaient bruns.
　　　(*Sophie* was dreaming. **The eyes** were brown.)

容認度 a ＞ b

　例36a も先行研究では容認不可の例にあたるが、不自然ではあるが 36b よりは、かなり良く、使えないわけではないとの判断をするインフォーマントもいた。「瞳を閉じている」という一時的状態をその場の場景として描写しているとみなせる場合は、連想照応の容認度が上がる。一方、36b のようにその人の恒常的性質を表すような例文は、基本的に容認されない。

(37)　a. *Le malade* est livide. **Les yeux** sont hors de leur orbites.　(Julien 1983)
　　　　(*The patient* is pale. **The eyes** are out of their sockets.)
　　　b. *Le malade* est livide. **Les yeux** sont rouges.
　　　　(*The patient* is pale. **The eyes** are red.)
　　　c. *Le malade* est livide. ***Les yeux** sont noirs.
　　　　(*The patient* is pale. **The eyes** are black.)
　　　容認度 a ＞ b ＞ c

　Julien (1983) が指摘するように、医学的な語彙（文脈）ほど容認される。これは人間を検体としてモノ扱いしており、先に述べたように全体・部分関係を作っているためであると考えられ、同時に、例37b, 37c から一時的、恒常的といった属性の描写性も関係しているのではないかと考えられる。つまり先行詞である le malade だけでは明確な医学的文脈を作り出しておらず、照応詞を含む文の述語が恒常的性質を示す例 37c においては、個体性を持った人間として理解されていることを示している。37a の述語である「眼窩から（目が）飛び出している」は医学的な述語であるとともに、一時的な場面を表しているとも理解され、連想照応として非常に自然な感じを与えている。

(38)　a. *Le malade* est livide. **Les yeux** sont hors de leur orbites.　(Julien 1983)

(*The patient* is pale. **The eyes** are out of their sockets.)

b. *Le malade* est livide. **Ses yeux** sont hors de leur orbites.

(*The patient* is pale. **His eyes** are out of their sockets.)

容認度 a ＞ b

　このことは、例38bのように身体部位においても定冠詞を用いたles yeuxの代わりに所有形容詞 ses yeux で受けるのは容認度が下がることから、単に脱人間化というだけではなく例38aが連想照応可能な背景には描写性が働いていると考えられる。つまり、病人の状態を描写しその場の臨場感を伝えているということが、定冠詞 les を使用して照応する方が自然であると受け止められる理由ではないだろうか。

　以上見てきたように、身体部位に関しては先行研究が指摘するほどは、連想照応の不可能性に関して強い制約がかかっているわけでもないことが観察される。

2.2　身体部位と描写性

　医学的な文脈という特殊な場合以外、つまり身体部位が全体・部分の関係性を有していない状況において、身体部位の連想照応が成立している例が、繰り返しとなるが、以下の例39aのFradinの先行研究で指摘された例である。その例文の一部を変えることで、実際に描写性、場面の固定というものが照応の可否に影響を与えているのかを検証してみたい。

(39)　a. Autour de la table *les joueurs* s'épiaient. **Les mains** étaient crispées sur les revolvers.　　　　　　　　　　　　　　　　(Fradin 1984)

(Around the table *the players* were watching each other. **The hands** were clenched on the revolvers.)

b. Autour de la table *les joueurs* s'épiaient. **Les mains** étaient cachées sous la table.

(Around the table *the players* were watching each other. **The hands** were hidden Under the table.)

c. Autour de la table *les joueurs* s'épiaient. ?**Les mains** étaient tachées d'encre.

(Around the table *the players* were watching each other. **The hands** were dirty with ink.)

d. Autour de la table *les joueurs* étaient assis. ?**Les mains** étaient crispées sur les revolvers.

(Around the table *the players* were sitting. **The hands** were clenched on the revolvers.)

e. Autour de la table *les joueurs* étaient assis. ?**Les mains** étaient tachées d'encre.

(Around the table *the players* were sitting. **The hands** were dirty with ink.)

容認度 a ≧ b ＞ c ＞ d ≧ e

　例39において、以上のような容認度の差が現れる。まず例39a、cと例39d、eを見比べることで、先行詞を含む文における述語の違いs'épiaient（見回した）と étaient assis（座っていた）から、Kleiberも指摘していたように知覚動詞を含まないことは容認度の低下に繋がっていることが分かる。しかし同様に、例39a、b、cを比べることで、知覚動詞が存在しても容認度には差があることが観察され、その原因は照応詞を含む文の述語内容の差であることは明らかである。つまり、照応詞を含む文の述語内容がよりその場の一時的状況を表すものほど容認度が高いことが分かる。すなわち、インクで汚れていたという以前からの特徴を表す状態よりも、机に隠れていた、リボルバーに手がかかっていたという瞬間的なその場の状況描写である表現において容認度が高いことが分かる。Fradin自身は、原因・結果の関係性，スクリプトの概念が、先行詞と照応詞の関係をより強めることで連想照応が可能であると説明している。つまり、文脈の一貫性が強ければ連想照応するとの主張であるが、

それが何によって成されるか、またどの程度強ければ良いかなどの議論はない。本稿において既に見てきたように、広く先行詞と照応詞を含む文脈が連想照応の成立に影響を与えることは確かである。さらに例39の容認度の違いから、照応詞を含む文が先行詞を含む文と同一の場面内の描写であること、すなわち場景描写やその場の一時的性質を現す表現が使用されていることが、連想照応の可否、自然さへ影響を与えていることが理解される。連想照応において文脈の一貫性を強くしているものとは、照応詞を含む文が、先行詞を含む文のある一部を新たに取り上げて描写しているという状況である。すなわち先行詞を含む文と照応詞を含む文が同一の場面を表し、照応詞を含む文が描写性を有していることが重要である。照応詞を含む文が単なる属性の記述ではなく、ある出来事の一場面の描写として、聞き手（読み手）に理解されることが照応を成り立たせていると言ってもよい。本稿において文脈が影響を与えると言ってきた文脈とは、ここで見るようにある固定した一つの場を作り出すために寄与する要素の集まりであるといえる。

(40) a. *Elle* jouait du piano dans le salon. **Les doigts** glissaient sur les touches.
(*She* was playing the piano in the salon. **The fingers** were gliding over the keys.)

b. *Elle* jouait du piano dans le salon. ***Les doigts** étaient fins.
(*She* was playing the piano in the salon. **The fingers** were fine.)

また例40a、b から、身体部位の連想照応では一般的な連想照応に比べ、照応詞を含む文が描写的ではない、つまり場面の瞬間を表すような文ではない場合、文の容認度は著しく下がる傾向にある。先の章で扱った一般的な連想照応においては、一時的な性質とともに恒常的性質に関しても容認度が下がることはあるが連想照応自体は可能であった。それに対して既に見た身体部位の例同様に、例40b の身体部位においては、恒常的性質は連想照応しない。これは身体部位が分離可能性を満たしておら

ず全体・部分の関係を持たない為に、le 定名詞句の使用に関してフレーム知識からの支えがないからである（一般のフレームを持つ連想照応は、フレームと描写性の両方から支えられていることが多いが、描写性を伴わない場合もある）。つまり、極論するならば身体部位の連想照応を支えているのはフレームではなく、原則として描写性による場面の同一性による先行詞と照応詞の結びつきということになる。ただし、描写性があれば何でも連想照応するのではなく、これが身体部位（また属性表現も含む）であるという点は忘れてはならない。身体部位や属性というものは、論理的な包摂関係から見て確実に、「包みこむもの」と「包み込まれるもの」の関係が認められる。全体・部分の関係に限りなく見た目は近い構造であるが、「全体・部分」関係はすでに指摘しているように、部分が全体から分離できることが必要なので、用語として「全体・部分」とは言えない。よって、今まで使ってきた意味でのフレームという用語は身体部位には適用できないが、認識として、またフレームが持っている情報のまとまりという概念からいっても、身体部位（また属性）は、いわば擬似的なフレームを確実に持っているものである。また、そうであるために、先行研究以来、なぜ身体部位は連想照応しないのかという問いが発せられてきたに違いない。身体部位は、人間の体の一部であり、日常語の意味で言うならば全体・部分の関係をなしていると認識されるものだからである。それを踏まえた上で、身体部位の連想照応は、フレームではなく、場面の固定、描写性によって成立していると主張するものである。

(41) a. *Elle* jouait du piano dans le salon. ??**Ses doigts** glissaient sur les touches.
(*She* was playing the piano in the salon. **Her fingers** were gliding over the keys.)
b. *Elle* jouait du piano dans le salon. **Ses doigts** étaient fins.
(*She* was playing the piano in the salon. **Her fingers** were fine.)

容認度 a ＜ b

　例40の定冠詞を所有形容詞に代えた例41において、例41aの容認度が明らかに低くなることは連想照応が描写性を伴っていることの大きな証拠である。描写性の高い例41aに所有形容詞を用いると、その場の状況を眼前描写的に伝える単一判断的な内容を表している照応詞を含む文に対して、二重判断[23]を強いることになり、読み手に文を理解させる（判断させる）時間を余分に強いることから、文の自然さが落ちると考えられる。一般に身体部位（属性も含む）以外の連想照応においては、多くの場合において所有形容詞に置き換えることが可能であり（すべての場合において所有形容詞の方が良いと判断したインフォーマントがいるくらいである）、その容認度に関して、多少のブレはあるものの、定冠詞の方が良いという事例があることは今までほとんど指摘されてこなかった点である。さらに、身体部位の連想照応が可能な場合に関しては、所有形容詞よりも定冠詞が好まれるのである。このことから、描写性というものがこの連想照応を成り立たせている主要な原理であるということが分かる。

2.3　描写性と「語り」の文体

　ここまで描写性という概念を用いてきたが、文体も多少ならず連想照応に関係があると思われる。連想照応が可能とされる例文は書かれたものの一部、小説的な印象を読み手（聞き手）に与えているものが多い。実際、今まで見てきた身体部位の連想照応が可能な例文に関して、非常に小説的で良い表現だとコメントするインフォーマントも存在した。主に定冠詞で受けることで、よりその場の描写として直接的に照応詞の対象にフォーカスが当たったような効果がもたらされるように感じられ、

---

[23]　二重判断（jugement thétique）論理学に由来する概念。言語学における言及ではKuroda (1972)など。主題と叙述からなる。

関係性を明確にするために所有形容詞で受けた場合よりも、その区切られた部分だけが（全体から切り離されて）明確に伝わるように感じられるという。

(42)　*Une femme* rêvait. ?**Les yeux** étaient fermés.
　　　(*A lady* was dreaming. **The eyes** were closed.)

　先に見た身体部位の例だが、単にこれを見せた時と、小説の一部というただし書きを入れた場合において、小説の一部ならば容認できるという判断もある。また Kleiber (2001) が通俗小説の中の使用例としてあげた以下の例に関しても、小説の一節であるから連想照応が可能であるという説明が付けられている。

(43)　Il s'assit sur le lit et *la* regarda. **Les paupières** étaient bousouflées et …
　　　　　　　　　　　　　　　　　　　　　　　　　　　　(Kleiber 2001)
　　　(He sat on the bed and watched *her*. **The eyelids** were swollen and…)

　この例43において、本稿の立場から言えば、知覚動詞が使われていなくても照応詞を含む文は、その場の場面を描写していると理解され描写性によって連想照応が成り立つと説明できる。つまり、描写性の一端は、描写されている場面が容易に想定できること、つまり小説などにおいて場景を描くことが必然的であるという枠組みを備えていることによって支えられていると考えられる。このことは、フランス語の半過去時制（そして現在時制）で記述されると、あたかも目の前で起こっているように語られる効果があるのと関係している。そして、この語りの半過去時制がもたらす描写性と、小説の枠組みとの組み合わせが、連想照応の可否、または文の自然さに影響を与えている。このことは、Genette (1972) で導入された「焦点化（focalisation）」の理論と関係があると考えられる。

2.4　内的焦点化と連想照応 —Genette（1972）から—

　Genette (1972) は、人称の問題と視点の問題が混同されていることを避けるために、point de vue（視点）の代わりに focalisation（焦点化）という用語を提唱している。そして、語り手の知りうる情報の観点から焦点化を三つに分類した。すなわち、「語り手は登場人物が知っているよりも多くのことを知っており、そして語る」場合を「焦点化ゼロ（focalisation zéro）」、「語り手が、登場人物が知っているよりも少ないことしか知らない、語らない」場合を「外的焦点化（focalization extrene）」、そして「語り手が、登場人物が知っていることしか知らない、語らない」場合を「内的焦点化（focalisation intrene）」と定義している[24]。この分類は、それぞれの小説がどのような焦点化を行っているかという問題を扱うためのものであるが、本稿において関係するのは、連想照応が好まれる半過去時制というものが、物語において典型的な内的焦点化を表しているという点である。内的焦点化とは登場人物の知覚、認識を借りて語るということであり、語り手が、登場人物の視点から知覚できるものだけを語っている状況である。先に述べたように人称と視点を区別するために Genette は焦点化という用語を用いたように、一人称で書かれているものが、単純に内的焦点化という訳ではなく、内的焦点化は、人称と視点の問題を明瞭に区別することによって可能になった概念であるとされる。三人称で描かれた場合でも、読み手はその焦点となる登場人物に同一化することができ、読み手が語り手と同一化し、語り手の知りうる情報と登場人物の知りうる情報が一致している場合（もしくは知覚する範囲が一致している場合）が、内的焦点化である。そして、この連想照応でも問題となる半過去時制で書かれた事柄こそ、内的焦点化されたものであり、読み手は語り手の知覚した世界を、語り手の目を通して見ている状況であるといえる。つまり、連想照応の例文に半過去時制が多いということは、すなわち、内的焦点化された語りの文脈こそが連想

24　Genette (1972 : 206)

照応にふさわしく、多くのインフォーマントが連想照応の例文を文学的であると判断し、小説の一部なら照応可能であるという判断を下した理由であるといえる。また、内的焦点化されているということは、その半過去時制で書かれた照応詞を含む文の事柄は、まさにその時に語り手を通して読み手が知覚している一場面の場景であり、先行詞を含む文が表すイベントから引き続いた同一の場面であり、時間の制約として述べた場面の固定とは、この内的焦点化の効果であったと言える。描写性と表現したことは、この内的焦点化の結果現れた状況であり、描写性、時間の制約・場面の固定、内的焦点化、これらは同じことを違う側面から説明するものである。

(44) *Une femme* rêvait. ?**Les yeux** étaient fermés.
(*A lady* was dreaming. **The eyes** were closed.)

(45) *Elle* jouait du piano dans le salon. **Les doigts** glissaient sur les touches.
(*She* was playing the piano in the salon. **The fingers** were gliding over the keys.)

　先に取り上げたこれらの連想照応の例文において、照応詞を含む文が半過去時制であるとともに、先行詞を含む文も半過去時制であることも連想照応の容認度に影響を与えると考えられる。つまり、小説の一部、すなわち内的焦点化されたものとして認識される為に効果があり、また加えて小説の一部だと保証することで連想照応が容易になるということも、例文で内的焦点化が行われていることを読み手に伝えることで、容易に場面の描写として受け取ることを可能にしているのである。
　また、先行研究において内的焦点化、描写性と関連あると思われるのが、Fradin (1984) の「感嘆詞の使用」についての指摘である。感嘆詞を使用すると連想照応の容認度が上がるというものである。

(46) a. *Les enfants* sont rentrés. ??**Les souliers** sont pleins de boue.

(Fradin 1984)

(*Children* came home. **The shoes** are muddy.)

b. Tiens! *Les enfants* sont rentrés. **Les souliers** sont pleins de boue.

(Fradin 1984)

(Ah! *Children* came home. **The shoes** are muddy.)

容認度 a ＜ b

　例46では先行詞が人間（子供たち）であり、照応詞が靴である例である。一般にフランス語では、服や靴など身に着けるものも身体部位と同じような扱いを受け、分離不可能なものとして扱われる。例46aは身体部位の連想と同じく一般には容認度が低い。それに対して、感嘆詞Tiens!を加えた例46bは容認される。このことに関して、Fradinは感嘆詞の使用が文脈の結びつきを強めると説明しているが、本稿ではその具体的な効果は、文における語り手の存在が大きく浮かびあがると考えるのが妥当ではないかと考える。つまり、内的焦点化が起こっていることを明確に示す役割があると考える。その結果、照応詞を含む文は、語り手の視点を通して見られた場景を描写したものとして理解され、例文を語られたもの、文学的表現として、小説の一場面の場景描写であるように読み手に強く認識させるのである。ここで言う場景描写とは、読み手が体験者となってその場面をあたかも見ている（経験している）ような効果を与える表現のことを指す。身体部位の例ではないが、同じFradinの先行研究中に挙げられている例を見る。

(47) a. On entre dans *un restaurant*. ?**Le menu** n'est plus servi. (Fradin 1984)

(We enter *a restaurant*. **The set meal** is not served anymore.)

b. On entre dans *un restaurant*. Hélas! **Le menu** n'est plus servi.

(Fradin 1984)

(We enter *a restaurant*. Alas! **The set meal** is not served anymore.)

容認度 a ＜ b

　この例文に関しても、感嘆詞が入ることで「ああ、今日の定食はすでに終っていたか！」という場面を、読み手に追体験させるような表現になっていることが、この文の容認度を上げていると考える。感嘆詞のない例46a、47a の例文は、単なる報告、記述として解釈されやすく、追体験という、まさにその場で、視覚的に見たような印象を与えない点が、連想照応に相応しくないと思われる。

(48)　a. *Les enfants* sont rentrés. **Leurs souliers** sont plains de boue.
　　　　(*Children* came home. **Their shoes** are muddy.)
　　　b. On entre dans *un restaurant*. **Son menu** n'est plus servi
　　　　(We enter *a restaurant*. **Its set meal** is not served anymore.)

　例46a、47a を所有形容詞に変えた例48の場合は、先行詞を含む文との繋がりが非常に強く意識され、描写性というものは失われ、主題と叙述という二重判断の形式となる。

2.5　医学的文脈と描写性

　これまで、医学的文脈とそれ以外を分けて身体部位の連想照応に関して論じてきたが、ここでその二つの関係性を見てみたい。まず、医学的文脈を伴う身体部位の連想照応に関しては、身体部位が個体である人間と切り離されて扱われるので、言い方を変えるならば身体部位の連想照応ではなく、単なる全体・部分関係を持った一般的な連想照応であると説明してきた。それに対し、身体部位の連想照応というのは、一般的な連想照応の枠組みであるフレームによっては説明が付かず、代わりに描写性という原理が必要であることを説明した。この二つが同時に現れるような例文を見てみたい。

(49) a. *Paul* nageait dans la piscine. **Les muscles** s'agitaient admirablement sous la surface de l'eau.

(*Paul* was swimming in the pool. **The muscles** were moving admirably under the surface of the water.)

b. *Paul* nageait dans la piscine. **Les jambes** s'agitaient admirablement sous la surface de l'eau.

(*Paul* was swimming in the pool. **The legs** were moving admirably under the surface of the water.)

c. *Paul* s'exerce à la natation. **Les muscles** sont très développés.

(*Paul* makes a practice of swimming. **The muscles** are very developed.)

d. *Paul* s'exerce à la natation. **Les jambes** sont très développés

(*Paul* makes a practice of swimming. **The legs** are very developed.)

容認度 a ≧ b ＞ c ≧ d

　例49a、bと49c、dにおいて、Les jambes（脚）という日常的な語彙よりも Les muscles（筋肉）という専門的（医学的に）にも使用する語彙の方が若干ではあるが自然であり、また同時に、例49a、cと49b、dを比べることで、描写性の高い文ほど容認度が上がる。このように、医学的文脈においても、描写性が高く感じられると連想照応がより自然であることが分かる。このことは、ある場面を描写するということは、個体である人から身体部位の一部を、ある時間・空間における一出来事の要素へ切り取ってみせる効果を発揮していると考えられる。それは特殊な文脈において、脱人間化という作用で身体部位を人としての個体性から切り取ったのと同様の効果を果たしているものと考えられ、この類似点から考えて、描写性は特殊な文脈とともに個体としての人間を、その個体性から解放するものであると本稿は考える。そして、それは例49のように、医学的文脈と同時に機能することで、身体部位ながら、自然な連想照応を可能にしている。

2.6 属性と描写性

身体部位とともに連想照応しないことが知られているのが属性を表す表現である。しかしながら、身体部位の例同様に連想照応可能になる例もあり、それらの例に関しても本稿の仮説である描写性や時間に関する制約がそこにおいて有効であることを検証していきたい。

(50) a. Paul a acheté *une voiture*. ***La couleur** est rouge.

　　　(*Paul* bought a car. **The color** is red.)

　b. Paul m'a montré *une voiture*. ?**La couleur** est rouge.

　　　(*Paul* showed me a car. **The coler** is red.)

　容認度 a ＜ b

色は連想照応されない属性の代表であるが、例50b のように「ポールは私にある車を見せた」という文脈を付与すると、その見せた内容、すなわち車を含む場景が描写されていると理解され易くなるため、la couleur の容認度がかなり向上する（少なくとも50b が50a よりも容認しがたいとう判断はでなかった）。このことは、先行詞と照応詞の指示対象以外の要素が関与することで連想照応が可能になることを示しており、車を見せるという状況、イベント内においてのみ、車と色が一時的に包摂関係をつくると考えられる。

(51) a. Paul aime *sa voiture*. ***Le poids** est léger.

　　　(Paul likes *his car*. **The weight** is light.)

　b. Paul vante/décrit *sa voiture*. ?**Le poids** est léger.

　　　(Paul vaunts/depicts *his car*. **The weight** is light.)

　c. Paul vante/décrit *sa voiture*. **Le poids** est léger, **le confort** est extraordinaire, **la couleur** est dans le vent, **la ligne** est…

(Kleiber 1999)

(Paul vaunts/depicts *his car*. **The weight** is light, **the comfort** is extraordinary, **the color** is in the fashion, **the line** is...)

容認度 a ＜ b ＜ c

　同様に、例51aにおいて「重さ」という属性は、通常は連想照応しないが、例51bのように「自慢する、描写する」という動詞が用いられることで、照応詞を含む文は、まさにその描写の内容が期待されることから、これまで見てきたように描写性を備えたものとなり連想照応の容認度がかなり向上する。また、さらに例51cのように、属性を複数並べることでさらに容認度が上がることから、車の属性を個体である車を離れて、性能表の一覧を開示するような効果をもたらし、結果として描写性が保証されていると考えられる。

(52) a. Paul scia *une planche*. ***La longeur** était de 5 m.
　　　　(Paul sawed *a board*. **The length** was 5 m.)
　　 b. Paul mesura *une planche*. **La longeur** était de 5 m.
　　　　(Paul measured *a board*. **The length** was 5 m.)

容認度 a ＜ b

　同様に例52においても、測るという行為を通じて、測られた長さというものが後続文で用いられることを自然にしている。このことからも、先行文が、そこに含まれる先行詞に関して、後続文において描写を付け加えることをお膳立てするような文脈において、照応詞を含む文が描写性を獲得し易いことが見て取れる。先行詞と照応詞の指示対象間の関係ではなく、先行詞を含む文が表すイベントにおいて、照応詞を含む文の表す内容が包摂されているような関係が、属性の連想照応を可能にしている。

(53) a. Ils entrèrent dans *un quartier central*. *Ils apprécièrent beaucoup **le**

calme.   (Kleiber 2001)

(They entered a central area. They appreciated much **the quietness**.)

b. Ils entrèrent dans *un quartier central*. **Le calme** les enveloppait

(They entered *a central area*. **The quietness** enveloped them.)

容認度 a ＜ b

例53a は先行研究でもよく取り上げられる属性の例である。「静けさ」というものは、中心街に必然的ではないにしろ、緩和されたステレオタイプにおける「あってもおかしくない、十分ありえる」関係性を持っているものである。しかしながら属性であるため、基本的には連想照応しないとされる。しかしながら、例53b のように照応詞を含む文を変更することで、定冠詞による連想照応が可能となる。ここでは、今まで見てきたように先行詞を含む文で表された中心街のまさにその場の状況を、照応詞を含む文が描写することによって自然な照応関係が成立していると思われる。これら属性の連想照応が可能な例で特徴的なのは、後続文が描写性を持っていることは当然として、後続文の表す場面は、記述されていないだけで先行文の時点で既に談話の世界においては現れている、言い換えるならば、先行文が表すイベントに含まれる内容が、照応詞を含む文において明示されるという関係性を持っていることである。

(54) a. Il y avait *une valise* sur le lit. ?**Le cuir** était tout taché.

(Charolles 1999)

(There was *a suitcase* on the bed. **The leather** was very dirty.)

b. Paul toucha *la valise*. **Le cuir** était tout souple.   (Kleiber 1999)

(Paul touched *the suitcase*. **The leather** was very soft.)

容認度 a ＜ b

例54において、valise（旅行鞄）と cuir（皮）の関係が属性かどうかは微妙ではあるが、分離可能性を満たしていないものであり、この例54

に関しても、54bにおいては明確に、先行文で「触った」段階で「触られた皮、そしてその感触であるやわらかさ」は言外に含まれて用意されており、それが改めて言語的に描写されたのが照応詞を含む文である。これらの例において重要なのは、個々のvante /décritなどの所謂、発言動詞や、toucherのような知覚動詞が使われること自体ではなく、結果として描き出される照応詞の対象を含んだ場景描写であり、その描かれ固定された場面を通してのみ先行詞と照応詞の対象が全体・部分のフレームのような包摂関係を築くことにあり、そのため連想照応が可能になっているという事実である。

3 まとめ

　身体部位と属性は、分離不可能性という概念で説明されるように、一般的には全体・部分の関係性を持たず、よってフレームが成立しないので連想照応できないとされる。この章で詳しく論じたことだが、連想照応を可能としている原理の一つであるフレームは、先行表現の指示対象と照応詞の指示対象が分離可能性を満たさねばならない。フレームのステレオタイプである全体・部分の包摂関係は、部分というものが全体の一部であるとともに、部分としてそれ自体が独立した指示対象を取らなければ、部分として成立しないものである。身体部位や属性は、全体から切り離した状態で一般的に存在することは考えられず、常に全体に従属した状態で認識されるものであり、部分の条件を満たさないので連想照応しない。しかしながら連想照応が可能な例が存在している。その様な例こそ、照応詞を含む文が半過去時制をとり、述語内容も恒常的な性質よりは一時的な性質が適した描写性の強いものであり、先行表現を含む文と同一の場面、時間を共有しているものであり、本論文の仮説に合致するものである。またそれらの例文は、内的焦点化が成されたものである場合が多く、連想照応の例文が小説的な表現である印象を与えることは、連想照応を成り立たせているフレーム以外の要素である描写性、時間の制約からの帰結であることが了解される。

第3章

連想照応と時間の役割

1 連想照応と時間の役割

　この章では、本論文の仮説で示した「時間」の概念が、フランス語の連想照応において、その照応の可否に影響を与えていることを身体部位以外の連想照応において検証していく。すでに指摘したように描写性というものが強く働いている文脈というのは、先行詞を含む文が表すイベントに関して、照応詞を含む文がそのイベント内部の描写を行うという場合であった。つまり、ここで言う「時間」とは、先行詞を含む文が表す出来事と照応詞を含む文が表す出来事の間に、時間的経過が存在するか否かという点である。そして、どのような場合に時間的経過の存在が、連想照応の可能性に影響を与えているかを明らかにする。フランス語の連想照応は、フレームの存在という意味論的（厳密にはそれを拡大した認識論的）な制約に加え、文脈における時間的経過の制約を加味することで、よりよく理解できることを明らかにしたい。さらに、時間的経過を伴わない描写的な文というものは、半過去時制が表す描写、小説などにおける「語り」の文脈で使用されるものであり、前章で取り上げたGenette (1972) の言う focalisation interne（内的焦点化）と連想照応の関係に関しても検証したい。

1.1　連想照応の分類に関して

　時間が果たす役割を考える上で、まず連想照応を改めてその性質から分類してみたい。既に一章、二章で見たように大きくは、分離可能性を

満たすもの、満たさないものの二つに大別されると考える。身体部位（と属性）の連想照応と、それ以外の連想照応であり、身体部位の連想照応には一般的な連想照応とは異なる制約、描写性が必要であるということは既に見たとおりである。分離可能性を満たすものをさらに分類するために、先行詞と照応詞の指示対象の関係において les actancielles、les locatives、les méronymiques、les fonctionelles の四つに分類[25]した Kleiber (2001) の先行研究を見てみたい。

(1)　J'ai acheté *un stylo*, mais j'ai déjà tordu **la plume**.　　　(Kleiber 2001)
　　　(I bought *a pen,* but I have already twisted **the nib**.)

　les méronymiques とは、例 1 に代表される先行詞と照応詞の指示対象が、全体・部分の包摂関係を持つものである。照応詞の指示対象はある種の存在のタイプを表しているが、先行詞の指示対象に依存的 (syncatégorématique) に存在する関係であるとされる（ペン先はそれ自体が独立した存在を表しているが、同時に常にペンというものがなくてはならない存在であり、通常、ペン先だけでは存在として意味を成さない）。ここにおいては、先行詞 y、照応詞 x、動詞 V の関係において x est une partie de y (x is a part of y) という関係を持つ (la plume est une partie du stylo) と定義される。

(2)　Nous entrâmes dans *un village*. **L'église** était située sur une butte.
　　　　　　　　　　　　　　　　　　　　　　　　　　　　　　　(Kleiber 2001)
　　　(We entered *a village*. **The church** was situated on a mound)

　les locatives とは、例 2 のように、先行詞と照応詞の指示対象は、全体・部分の包摂関係を有しているものの、部分である照応詞の指示対象

25　Kleiber (2001 : 263-304)

は、先行詞の指示対象とは無依存的に自立存在（catégorématique）できるものと説明される（ここでは教会は村の教会として認識されるが、一方で「〜村の教会」という説明を離れ、例えば聖マリア教会として単独でも認識可能である）。les méronymiques とは異なり、照応詞の指示対象は先行詞の指示対象の存在を基本的には必要としておらず、二つの結びつきは文化的に共有された知識によっている。先行詞 y、照応詞 x、動詞 V の関係において x V y という関係を持つとされる（ここでは、l'église se trouve dans le village「教会は村の中に存在する」）。

(3)　Pierre a *coupé* du pain, puis il a rangé **le couteau**.　　　　(Kleiber 2001)
　　　(Pierrre *cut* bread, and then he put back **the knife**.)

　les actancielles とは、主に先行表現として動詞をとり prédicat-argument（述部－項）の関係をなすものとされる。他の連想照応と異なり、先行詞 y、照応詞 x、動詞 V の関係において x V y という二項の関係を持たず、ただ x V となる（動詞 V が先行詞でもあるため）。また他の連想照応の先行詞、照応詞の指示対象間に存在する le N 1 d'un N 2（N 1 照応詞、N 2 先行詞）、un N 1 de N 2、son N という関係を持つことができない。つまり、例 1 においては L'église d'un village（ある村の教会）、son église（その村の教会）のように先行詞と照応詞は結びつけることが可能だが、例 3 において son couteau とすると、先行詞に当たる couper は所有形容詞 son の中に含意されることはない。3 人称単数の所有形容詞である son は、当然のことながら動詞と照応することはなく、連想照応とは関係ない主語 Pierre と照応して、le couteau de Pierre の意味となってしまう。

(4)　Paul a choisi *ce roman*, parce que **l'auteur** lui était familier.　(Kleiber 2001)
　　　(Paul chose *this novel*, because **the author** was familiar to him.)

　les fonctionelles においては、照応詞の指示対象は先行詞の指示対象の

第3章　連想照応と時間の役割

79

機能もしくは役割を表すとされ、他の関係とは異なり照応詞の指示対象でもって、先行詞の指示対象を代表することが出来る。例4において、照応詞の指示対象である「作者」は、「小説」のもつ属性の一部であるとともに、その「小説」は「作者」を作者たらしめている部分でもあると言える。照応詞の指示対象と先行詞の指示対象の関係性は、依存的（syncatégorématique）であり、つまり「小説」がなければ「作者」は存在しない。しかしながら、先行詞と照応詞の指示対象の依存関係はある一面に限られ、照応詞の指示対象はそれ自身として自立する要素を含んでいる、つまり、ある小説の「作者」はその小説の作者というだけの存在ではなく、小説を離れた一個人としての人格をもつ人間でもある。先行詞 y、照応詞 x、動詞 V の関係においては x exerce une fonction ou un rôle vis-à-vis ou dans y（x は、y に対して、または y において、機能もしくは役割をはたす）という関係を持つとされる。

　連想照応で最も典型的なのは les méronymiques である。フレームという情報の包摂関係においてプロトタイプ的に理解される全体・部分の関係性を備えている。そこにおいて部分は、常に全体の存在を前提として認識されるものである。万年筆とペン先の例に見られるように、全体としての存在が先にあり、その中に部分が顕在的に含まれており、かつ部分を全体から取り出してみること可能もだが、ペン先はあくまで万年筆のペン先でありそれ単体では用をなさないと考えられるような関係である。les locatives は村と教会に代表されるように場所、空間的な広がりを基本とするフレームを持ち、村という全体と、教会という部分で構成されるが、部分は全体の存在を前提とせずに存在可能であり（categorematic）、故に二つを結び付けるには、一般に共有される文化的な知識のフレームが重要となる。しかしながら、この二つの型に関しては、先行詞と照応詞の指示対象がそれぞれ分離可能性を備え、照応詞の指示対象は自立して存在することが可能な点において共通している（依存的であることと分離可能性とは別の概念であり、ペン先だけでも存在

は可能である）。そして、重要なことは、全体が存在すれば、必ず同じ時点に部分が存在していることが保証されている関係である。同様に、les actancielles における先行詞と照応詞の指示対象の関係も、常に先行詞となる動詞が存在すれば、必ずその項となる照応詞の存在が含意されるものである。つまり、「（パンを）切る」という行為には、切るという動詞を使った以上、何か刃物が必ず使われていることが含意される。よって、一般的に共有された知識において（ある文化圏、ここではフランスだが）ある動詞とその項になる照応詞の指示対象は強い結びつきがあるといえる。それに対して、les fonctionelles は状況が大きく異なる。先行詞に対する照応詞の指示対象の依存関係はある一面に限られ、照応詞の指示対象は基本的に先行詞の指示対象と全く関係のないものとして自立存在しうる。小説と作者の場合、作者は先行詞の小説を書いた人ではあるが、それだけの存在ではなく、作者が表す指示対象は一人の人間として物書きではない部分の存在をも含んでいる。つまり、作者という存在は小説なしには考えられないが、常に作者としてのみ存在しうるようなものは存在せず、ある人間の一側面であり、作者と小説の指示対象が適切に結び付けられるためには、特定の状況が必要となる。つまり、先の３つの様態とは異なり、先行詞の指示対象の中に照応詞の指示対象は必ずしも常に含意されていない関係である。以上のことから、本稿では、連想照応のそれぞれの場合に関して、一章で提唱した仮説、とくに時間というものが照応の可否にどのように影響を与えているか考察していきたい。

2 分離可能性を満たす一般的な連想照応に関して

まず始めに、「全体・部分」関係を伴う les méronymiques な連想照応を見てみたい。連想照応の最も基本となるタイプであり、フレームによって先行詞と照応詞の指示対象の関係性が保証されており、基本的にはそのフレームの存在によって連想照応が可能になっているものである。

2.1　les méronymiques「全体・部分」関係をもつフレームと時間

　先行詞と照応詞の指示対象がフレーム関係を持つということは、特定の文脈に関わらず無時間的に、常にその二つの関係性が共有知識として認められている状態である。すなわち典型的には、無生物における全体と部分からなるもの、車とハンドルのような工業製品に当てはまるものが最も理解しやすく、ここにおいて部分は必ず全体を通して常に理解されるものである（ハンドルは何かのハンドル、例えば車のハンドルとしか通常理解されえない）。先行詞と照応詞の間に全体・部分の関係があることが明白であり、基本的には、フレームだけで十分に関係性が理解されるため、時間的経過の有無に関係なく連想照応が可能と思われる。

(7)　Paul a réparé *une vieille voiture*. Il a dû changer **le volant**.　　(Kleiber 2001)
　　　(Paul repaired *an old car*. He had to change **the handle**.)

(8)　J'ai acheté *un stylo* hier, mais j'ai déjà tordu **la plume**.　　(Fradin 1984)
　　　(I bought *a pen* yesterday, but I had already twisted **the nib**.)

　実際に、例8で明らかなように、時間的経過（買った時点と、ペン先を捩った時点は異なる）が存在していても連想照応が容認される。先行詞と照応詞が正しい全体・部分の包摂関係であるならば、時間の経過ということは問題にならない。本稿としては、時間の制約は、フレームに対して社会的・個人的差が出ない場合にはその有無は問題にならないと考える。またこれらの関係においては、先行詞の指示対象が現れた時点で、常に既に照応詞の指示対象がその中に含まれている（ペンがあれば必ずペン先は付いている）。つまり、特別に照応詞の指示対象である部分に意識が向けられていないだけであり、先行詞の指示対象が存在する場面には、常に照応詞の指示対象が存在するというのがフレームにおける全体・部分の関係である。そこにおいては、時間的な制約をかけなくともフレームだけでその関係性は担保されており、連想照応として機能

する。時間の制約とは、先行詞と照応詞の指示対象の関係性が確実には保証されておらず、連想照応の可否が分かれる場合に、それを補完するものとして、その存在が問われるものと考える。既に見てきたことだが、第一に連想照応を成り立たせている原理はフレームであり、フレームだけでは連想照応の事実が説明できない例に関して、個々の文脈における説明ではなく、時間の制約を課すことが必要であることを明らかにするというのが本稿のねらいである。

2.2 les locatives 場所・空間的なフレームを持つ関係

les locatives においては、先行詞と照応詞の指示対象が、無依存的に自立存在しており、村と教会など、それぞれの存在は明らかであり、かつ一般的に共有された知識（すなわち文化）によって、その関係が広く共有されているものである。部分は全体であるところの場所・空間の中に存在しており、部分自体を見た場合には全体というものを必ずしも想起しないが、社会、文化の共有知識として結び付けられて理解されることが常に可能な関係である。このタイプも基本的には、フレームだけで十分に関係性が理解され、時間的経過の如何にかかわらず連想照応が可能と思われる。

(9) a. Paul entra dans *un village*. **La poste** était située au centre du village.
(Paul entered *a village*. **The post office** was situated in the center of the village.)
b. Paul entra dans *un village*. Il chercha **la poste** pour envoyer une lettre .
(Paul entered *a village*. He looked for **the post office** to mail a letter.)
容認度 a ≧ b

しかしながら、場所・空間的な繋がりである les locatives において、例9のような場合、9a、b ともに容認される文ではあるが、時間的経過の伴わない例9a の方がより自然であると判断される傾向にある。例9b

においては、村という全体に対して、部分である郵便局は確かに包摂されると了解されるものであるが、「郵便局を探した」という文脈でもわかるように一目見てわかるその場には存在しておらず、共有知識として先行詞と照応詞の指示対象がフレームを持っているということは理解できていても、時間的経過、すなわち場面の転換がおこると実際に両者を結びつけるのに手間取ると考えられる。

(10) a. Nous entrâmes dans *un village*. **L'église** était située sur une butte.
　　　 (We entered *a village*. **The church** was situated on a mound.)
　　 b. Nous entrâmes dans *un village*. **L'église** a été construite au 16e siècle.
　　　 (We entered *a village*. **The church** was constructed in 16th century.)
　　 容認度　a ＞ b

また例10に見られるように、どちらも連想照応として可能な例ではあるが、a、b を比べると照応詞を含む文が半過去時制であり同一場面を描写している例10a のほうがより自然であると判断された。例10b のやや唐突な繋がり方にも問題があるかもしれないが、時間的な経過、より正確に言うならば、先行詞を含む文と照応詞を含む文が同一の場面であると感じられることが重要であり、照応詞を含む文の描写性の高さが連想照応に適しており、また一つの場を描き出すことが連想照応の特徴であるということを表していると思われる。

(11) a. Nous entrâmes dans *un village*. **L'église** en était située sur une butte.
　　　 (We entered *a village*. **The church** (of it) was situated on a mound.)
　　 b. Nous entrâmes dans *un village*. **L'église** en a été construite au 16e siècle.
　　　 (We entered *a village*. **The church** (of it) was constructed in 16th century.)
　　 容認度 a ＜ b

また先行詞との関係性を明示する中性代名詞 en を伴った場合の例11における容認度（正確には文の自然さ）は、例10とは反対になる。このことからも、連想照応にとっては場面が固定された一つの場景を表すということが本質的な機能ではないかと考えられる。

　以上のように場所・空間に関するフレームを持つ連想照応に関しても、フレームが機能すれば基本的には、場面の同一性や時間的な経過ということは問題とならない。ただし、先行研究で扱われてきた数々の例文から見ても分かるように、多くの場合は照応詞を含む文が半過去時制であり、そこには場面の同一性、描写性が強く感じられる。これらの照応の可否には時間の制約は必要ないものの、先行詞を含む文が設定する時間に照応詞を含む文が合わせることで、一つの場面しか存在しない文脈が形成されることが連想照応において好まれることが判る。

2.3　動詞の項を照応詞として取る関係

　この関係も、社会的・個人的な認識の差が出難いフレームを持つものであり、基本的に時間的経過は照応に影響を与えないと思われる。すなわち、当該の動詞にとってフレームを有する照応詞が項として取られさえすればよいと考えられる（フレームが厳密に何を項として取り、何を取らないかということは、第一章でみたように論理的には決められず、多分に長年の文化的蓄積に左右されると考えられる）。

(12)　Pierre a *coupé* du pain, puis il a rangé **le couteau**.　　　(Kleiber 2001)
　　　(Pierrre *cut* bread, and then he put back **the knife**.)

(13)　Paul a été *égorgé*. **Le couteau** a été retrouvé à côté de corps.

　　　　　　　　　　　　　　　　　　　　　　　　　(Kleiber 2001)
　　　(Paul was *beheaded*. **The knife** was found near the body.)

(14)　Il *lit* depuis trois heures, mais ?**le roman** ne lui plaît pas.[26] (Kleiber 2001)

(He has been reading for three hours, but **the novel** does not please him.)

(15) Paul n'a pas *creusé* longtemps. **La pelle** s'est cassée tout de suite.

(Kleiber 2001)

(Paul didn't *dig* for a long time. **The shovel** broke immediately.)

ここで問われるのは、動詞の述語内容とそれに対する適切な項の関係であり、それが全体・部分の関係を満たせば、すなわちフレームとして十分に機能するため、例13で明らかなように、時間の経過は照応に影響を与えていないと考える。例12のように、問題となるのはパンを切る行為とその道具の適切な関係であり、時間的な経過が存在していても連想照応は成立する。les actancielles の説明で見たように、他の連想照応のように先行詞と照応詞の指示対象が x V y という形で、動詞を介して二つの対象が規定されるのではなく、xV（例13なら le ccouteau a coupé du pain）と規定され先行詞の対象である y は予め動詞に含まれてしまっており、照応詞がその動詞にとって適切であれば、先行詞と照応詞の関係も適切であると判断されるため、他の要因を特に考慮する必要はないと考える。

(16) a. Paul a bien *coupé* du pain. **Le couteau** était tres aigu.

(Paul *cut* bread well. **The knife** was very sharp.)

b. Paul a bien *coupé* du pain. Il a remis **le couteau** dans l'armoire.

(Paul *cut* bread well. He put **the knife** in the cabinet.)

c. Paul a bien *coupé* du pain. ?Il aime beaucoup **le couteau**.

(Paul *cut* bread well. He likes **the knife** very much.)

容認度 a ≧ b ＞ c

---

26 この例文に関しては Kleiber (2001) では容認不可とされているが、調査すると容認可の人もいるので本稿では多少不自然だが容認可としている。

例16bで見るように「パンを切ってから、棚にしまった」という様に、時間の経過が存在していても問題とならず、さらに多少文脈的に奇妙な感じを与えるような16cに関しても、可愛らしい印象とともに容認可であるとするインフォーマントもおり、非常に強いフレームが先行表現と照応詞の間にあることが確認でき、よほど非現実的な文脈でない限りは動詞とその項が作るフレームだけで連想照応は成り立つと考えられる。

2.4　les fonctionelles 役割を表すフレームと時間の関係

今までの例に比べて、先行詞の対象と照応詞の対象における結びつきが一面的であり、フレームの持つ語彙的な情報だけでは指示対象間の関係性が一義的に確認できないと思われるのが、役割を表す連想照応である。この照応においては、照応詞の指示対象に関して、先行詞の指示対象との間にフレームを補強する何か別の結びつきが求められる。なぜならば、全体・部分のフレーム関係や、動詞の項の関係とは異なり、照応詞が表す対象は役割という関係性のみにおいて先行詞との関係が保たれるものであり、全体・部分に見られるような包摂関係を伴わないからである。先行詞と照応詞の指示対象間の関係性はある特定の側面に限られており、フレームを伴う関係のように無時間的に常に二つの間の繋がりを明示的に示している訳ではない。部分は常に全体の一部を成すものであるが、役割はその役割を離れることが可能である。言い換えれば、ある特定の状況においてのみ機能するのが役割である。これらに関して、時間の経過、場面の同一性がどのようにその連想照応の可否に関係してくるか見ていきたい。

(17) a. Il arriva *une voiture* devant le magasin. **Le conducteur** était né en Bretagne.
　　　(*A car* arrived in front of the store. **The driver** was born in Brittany.)
　　b. Il arriva *une voiture* devant le magasin. ??**Le conducteur** descendit de la voiture.

(*A car* arrived in front of the store. **The driver** got out of the car.)
容認度 a＞b

　例17から分かるように、車と運転者という同じ先行詞、照応詞の組み合わせにおいて、照応詞を含む文の述語内容が異なることによって容認度に差が出ることが観察される。例17a において連想照応が可能であるのは照応詞を含む文の時制が半過去であることから、先行詞を含む文と照応詞を含む文の間に時間の経過が伴わないことで、後続文で導入された Le conducteur は、先行文が導入する時間 t_1 内に存在する対象への言及として理解され易く、同じ場面において認識されることで、車とその運転手の関係が保証されるからである。容認されない例17b においては、車が止まったという出来事を表す先行文の時間 t_1 と運転手が下りたという後続文の時間 t_2 が存在する。時間の経過が存在することで場面の進展というものが感じられ、先行文で導入された une voiture は一旦、意識において背景化され、新たな時間 t_2 で導入された le conducteur を理解する時、すなわち定冠詞 le の照応の源泉を探す時に直ちには結び付き難くなっている考えられる。文の並び以外に直接的に先行文と後続文を結びつける理由は、車と運転手というフレームであるが、想定される場面（談話世界）において車は顕在的に示された une voiture に限らず潜在的に何台か存在していても不自然ではなく、同じように une voiture 以外の運転手が存在している可能性も蓋然的である状況においては、異なる時間 t_1、t_2 に置かれた車と運転手は一般的な「車・運転手」というフレームだけでは先行詞の指示対象であるその車と関連付けられない可能性が出てくるということである。全体・部分の関係性を持つ連想照応と異なり照応詞の指示対象は先行詞の指示対象に必然的に包摂されるものではないため、つまり運転手である人間は常に車の一部でという訳ではなく、車の運転という事柄においてのみ関係性が生じるため、恒常的な両者の繋がりというものは保証されていない。よって、このようなフレームに対しては、場面を共有すること、先行詞を含む文

と照応詞を含む文の間に時間的経過が存在していないことが必要となってくる。あるひとつの時間 t を共有しているということが、フレームを補強するもう一つの枠組みとして機能している。照応詞を含む文で導入された Le conducteur は、先行文の *une voiture* と時間を共有しなければ、時間 t_2 における他の潜在的な車の存在によって、必ずしも一対一の対応が必然的ということではなくなり、連想照応の可能性が低くなる。つまり時間の経過が伴うことで、焦点が *une voiture* から離れ、意識された場面から車の存在が一時的に消えることとなり、車と運転手の関係性が希薄になる結果、連想照応が困難になる。

(18)　a. Ils passaient par *une église*. **Le curé** était bien connu dans cette région.
　　　　(They passed by *a church*. **The priest** was well known in this region.)
　　　b. Ils passaient par *une église*. ??Justement **le curé** sortait de l'église.
　　　　(They passed by *a church*. **The priest** was just caming out of the church.)
　　　容認度 a ＞ b

　同様に例18a と b を比べた場合においても、全く時間的経過のない例18a に関しては、連想照応の成立に問題はないが、副詞 Justement を伴い「ちょうどその時、司祭が出てきた」という文脈の例18b では連想照応の容認度が落ちることが観察される。ここにおいて、先行文の状況から場面が進展したという意味で、時制は半過去ながらも談話内の時間が経過した、正確には場面が進展したと考えられる。先行詞を含む文において司祭は場面には登場しておらず、照応詞を含む文において初めて場面へと現れてくる。場面が進展したことで、先に導入された教会との直接的なかかわりが薄くなり、潜在的な対象（他の司祭の存在）が考慮される余地が発生することで連想照応が難しくなる。全体・部分関係のフレームを持っているものと違い、役割においては一目見たら分かる特徴・関係があるのではなく、社会的、文化的に決められた約束において

両者に関連があると理解されるものである。よって、同一の場面に登場し認識されることにおいて、両者の関係性が確かめられると考える。単純に時制が半過去かどうかという問題ではなく、正確には場面の進展がない、先行詞を含む文によって表されている状況の中に、照応詞の指示対象を見出すことが重要である。言い換えるならば、場面が固定されて、先行文の内容と後続文の内容が同じ一つの場面において、同時に認識されることが必要であると思われる。連想照応においては基本的に一つのイベントと、それに対する新たな描写というスタイルが最も自然であるのは既に見てきたとおりであり、その意味で例18a はそれを満たしているが、18b は満たしていない。そのために、連想照応の容認度に差が出ているのである。

2.4.1 役割におけるフレームの違い

役割を表すものにも、その関係性に関して強弱があることを考えなければならない例が、以下に見る役割的な関係を有する連想照応に関する容認度の違いである。

(19) a. Ils passaient par *une ville*. **Le maire** était bien connu dans cette région.

 (They passed by *a towm*. **The mayor** was well known in this region.)

 b. Ils passaient par *une ville*. Justement **le maire** sortait de la mairie.

 (They passed by *a town*. **The mayor** was just caming out of the town hall.)

 容認度 a ≧ b

(20) Nous entrâmes dans *un village* et demandâmes à voir **le marie**.

 (We entered *a village* and asked to meet **the mayor**.)

例19を例18における司祭の例と比べると、村や街とその市長（村長）という関係においては、時間の経過が伴う文脈でも連想照応が可能とな

っている。車の運転手や司祭の例と比べた場合、その自治体の長というものは、自治体一つに対して、ある時点（基本的にはその発話の時点）において必ず一人と決まっており、司祭や運転手に対するよりも強い関係性を作っており、他の村や街の長というものは、はじめから考慮されえないと考えられる。

(21) a. Il arriva *un train* au quai. **Le conducteur** descendit du train.
 (*A train* arrived at the platform. **The driver** got out of the train.)
 b. Il arriva *une voiture* devant le magasin. ??**Le conducteur** descendit de la voiture.
 (*A car* arrived in front of the store. **The driver** got out of the car.)
 容認度 a ＞ b

例21a における le conducteur は、語彙こそ例21b（17bと同じもの）の「車と運転手」の場合と同じであるが、社会的な役割からして、ある駅のホーム（au quai）に止まった電車に対して、ほぼ明確に「電車と運転手」は一対一対応するものとして認識することが出来る。電車、ホーム、駅、運転手というより広い意味で「駅」や「鉄道」といったフレームが強く意識されることで、役割の持っている一面的な関係性が強化され全面的な関係性へ読み替えられ、時間の制約は必要なくなると考える。また自動車の運転手とは異なり、一般的に電車の運転手は他の人（乗客など）にとって、電車の運転手以外の属性（つまり、その名前や性格など）は問題とならず、もともと役割でありながらも、その関係は一面的というよりは全面的なものに近いと考えられる。同じ役割においても、社会、文化におけるその関係の重要性の違いから振る舞いが異なることが分かる。時間の概念が照応に影響を与えるのは、フレームからは先行詞の指示対象と照応詞の指示対象が一対一の対応を保証されていない時である。そこにおいて時間の経過を止め、ある時間 t における関係性に限定することで連想しやすくなり、フレームを補う役割を果たしている

と考える。よって、その必要のない例19b、21aのような場合は、時間の制約というものは必要とされない。

2.4.2　描写性における一時的性質と恒常的性質の問題

　この章で見てきた時間の制約と一章で指摘した描写性における説明に関して整合性の問題を見てみたい。一章で描写性を説明する上で見た例文において、照応詞を含む文の述部は一時的性質を表すものがよく、恒常的性質を表すものは好まれないという説明をした。

(22)　a. Paul est entré dans *une pièce*. **La table** était complètement cassée.
　　　　 (Paul went into *a room*. **The table** was completely broken.)
　　　b. Paul est entré dans *une pièce*. **La table** était grande et ronde.
　　　　 (Paul went into *a room*. **The table** was big and round.)
　　　c. Paul est entré dans *une pièce*. **La table** a été fabriquée en Norvège.
　　　　 (Paul went into *a room.* **The table** was manufactured in Norway.)
　　　d. Paul est entré dans *une pièce*. **La table** était coûteuse.
　　　　 (Paul went into *a room*. **The table** was expensive.)
　　　　 容認度 a ≧ b ＞ c ＞ d

　例22のように、一目見て視覚的には確認できないようなものほど描写性が下がり連想照応の自然さが失われることが観察された。一方、この章で見ている役割を表す連想照応において、連想照応可能な例文で使われている述部には、描写的ではないにもかかわらず容認度が高い（自然である）ものがある。

(23)　a. Il arriva *une voiture* devant le magasin. **Le conducteur** était né de Bretagne.
　　　　 (*A car* arrived in front of the store. **The driver** was born in Brittany.)
　　　b. Il arriva *une voiture* devant le magasin. **Le conductuer** était grand et

jeune.

(*A car* arrived in front of the store. **The driver** was tall and young.)
c. Il arriva *une voiture* devant le magasin. ??**Le conducteur** descendit de la voiture.

(*A car* arrived in front of the store. **The driver** got out of the car.)

容認度 a ≧ b ＞ c

　例23のように、運転手は「ブルターニュ生まれだった」というのが最も自然に連想照応する。この事に関して、連想照応可能なこの例は場面の展開がなく、時間的な経過を伴わないものであり、描写的ではないものの場面の同一性が保たれていることが重要である。その上で、役割を表す連想照応において、描写的ではない23aの容認度が高い理由は、その対象の人間に関して、運転手という役割以外の側面を述べることにより、役割を表す照応詞の指示対象が本質的に持っている他の情報を参照することになり、役割であると同時に個人の人間であるその指示対象に関して述べていると理解され易くなるからであると思われる。つまり、役割を表す照応詞の指示対象の持つ、それが表す役割以外にも人間として他の側面を持っているという特有の性質から来ており、他の連想照応と異なる振る舞いをすると本稿は考える。しかし、ここにおいても重要なことは、場面の同一性が守られている点であり、描写性こそ低いものの同じ一つの場面内に先行詞と照応詞の対象が存在しているという事実が連想照応を可能にしているのである。また例22dの例は描写的ではなく、照応としての自然さは落ちるが、連想照応としては問題のなく容認される例文である。そこにおいて照応を支えているのは全体・部分のフレームであり、例23aの例文と事情は異なるが、共通するのは、描写性を伴うことは連想照応の大きな特徴の一つであるが、必ず必要である訳ではないと言うことである。描写性は、ある特定の時間における状況の固定から生まれた効果であり、時間の制約の副産物という見方もできる。描写性は広く強く連想照応全般から感じられるが、時間（広く言うと場

面）の同一性からもたらされたものであり、原理としては時間の制約がより重要であると本稿は考える。

2.4.3　半過去時制以外の例文に関して

　役割を表す連想照応の中には、時制が単純過去または複合過去の繰り返しであり、時間的経過が存在すると思われる例においても連想照応可能なものが存在する。

(24)　*La voiture* dérapa et s'écrasa contre un platane. **Le conducteur** fut éjecté.

(Kleiber 2001)

(*The car* slipped and crashed against a plane. **The driver** was ejected.)

(25)　*Un beau mariage* a eu lieu hier. **Le prêtre** a fait en grand sermon.

(Kleiber 2001)

(*A beautiful wedding* took place yesterday. **The priest** made a great sermon.)

　これらの例においては、先行詞を含む文が起こっている時点 t_1 において、照応詞を含む文で言及される出来事が、すでに含まれていると考えられる。例24において、運転手は車が木に衝突する時点で同時に投げ出されたとみなすか、または先行詞を含む文が交通事故という大きな出来事を表し（直接の言語表現ではないにしろ）、運転手の状態というものはその事故の一部分であると見なしうるために同一の場面の場景であると認識されるので照応可能であると考える。また例25ではより明確になっているが、司祭が説教をしたのは、その行われた結婚式の中であり、照応詞を含む文の表す内容は、先行詞を含む文の表す出来事に含まれるものである。これらの例においては、明確な包摂関係が認められるために、照応詞を含む文において新たな時間の経過、場面の進展がないものと見なしうる。よって、照応詞を含む文が半過去時制ではなく一

見、複合過去時制の使用により場面の進展が行われたよう思われるこのような例に関しても、同一の場面として認識できるため（つまり時間的経過というものが感じられないため）、連想照応として成立している。

以上のことをまとめると、フレームが先行詞と照応詞のそれぞれの指示対象の関係性を保証すれば、それだけで基本的には連想照応は可能であり、それが難しい時に、時間的経過が存在しない、場面の進展がないという時間の制約が必要であると本稿では考える。このことは、連想照応の例文の多くが、後続文に半過去の時制をとっていることの説明ともなる。なぜならば、時間的経過が存在しないことは、見てきたように先行詞と照応詞の関係性を強めることに一役買っており、極めて連想照応と親和性が高いからである。よって、連想照応においては常に、先行文と後続文は同一場面であることが好まれるのである。

2.5　描写性と時間の制約の関係―身体部位の連想照応から―

医学的文脈以外において、身体部位が照応詞として連想照応する場合というのが、「描写性」を伴う場合である。一章、二章で説明したように、描写性とは、「照応詞を含む文の述部が、動作、状態または属性に関わらず、照応詞の指示対象を含む場面を記述し、聞き手（読み手）にその場景を、場面と共に視覚的イメージとして提供する力」と定義した。その描写性と本章で扱う時間の制約の関係性を改めて見てみたい。

(26)　a. *Elle* jouait du piano dans le salon. **Les doigts** glissaient sur les touches.
(*She* was playing the piano in the salon. **The fingers** were gliding over the keys.)
　　　b. *Elle* jouait du piano dans le salon. ***Les doigts** étaient fins.
(*She* was playing the piano in the salon. **The fingers** were fine.)
容認度 a ＞ b

例26a、bから分かるように、身体部位の連想照応では一般的な連想照応に比べ、描写的でない文の容認度は著しく下がる傾向にある。例26bの例文は、後続文の述語内容が恒常的性質を表しており（また、そう解釈され易い）、ある場面における瞬間を切り取るという描写性に乏しいために、全体・部分の関係を持たない身体部位はフレームを利用することができず、連想照応できないと説明してきた。ここにおいては、一般的な連想照応とは異なり、まず描写性があることが連想照応の可否を決めることになる。この描写性と時間の制約を考え合わせると、描写性という場面を瞬間的に切り取る枠組みは、時間の経過を伴わない一時的に止まった場面を設定することであり、時間の制約こそが描写性の大きな要素となっていると言える。ただし、描写性においては時間がある一時点で止まっていることが重要である。今まで見てきた時間の制約、時間の経過が感じられないという場合（つまり必ずしも同じ時間でないといけないという訳ではない）よりも強い制約というものが描写性にはかかっている。身体部位以外の例では可能であった例26bのような恒常的性質を表す述語は、身体部位においては連想照応することができない。言い換えれば、身体部位以外の連想照応においては、全体・部分関係に代表されるフレームが存在したため、描写されたある瞬間という枠を超えても、先行詞と照応詞の間には一定の関係性が保証されていた。しかし、身体部位の例においては、そもそもフレームが存在せず、代わりに時間を止めることで生まれた場面そのものが全体となり、その中に存在する要素が部分と見なされる状況が作られる（ただし、身体部位が身体全体と関係があるという前提は存在し、ただ単に同じ場所に同時に存在すれば何でも連想照応できるというものではないと考える）。このことは、人間の身体という基本的に時間に関係なく個人として認識される個体としての存在を、時間を止めることで、ある時間に限定された存在へと認識を変化させることによって、初めて連想照応が可能になるというプロセスがあると考える[27]。人間の持つ個体性、個人また生物としての特殊性を捨象することで、人間・身体部位を他の全体・部分関係を持つ

ものと同じように見なすことができ、医学的文脈がそうであったように、そのことによってフレームとして身体部位が機能する（フレームを回復するというべきかも知れない）。描写性によって、身体部位はフレームとして機能するようになるが、この連想照応においてもその先行詞と照応詞の関係性は重要である。単に描写的であれば連想照応する訳ではないことは明らかである。

　以上のように、身体部位、属性など先行研究では連想照応が不可とされたものにおいてそれを可能ならしめているのは、既に指摘した描写性であり、その描写性を支える大きな原理の一つが、時間的経過が存在しないという時間の制約である。時間の制約は、一般的な連想照応にも広く影響を与えていることを考え合わせると、連想照応を考える上で重要な概念であると本稿は考える。

3　半過去時制の持つ描写性と内的焦点化

　内的焦点化によって、読み手（聞き手）があたかも自分が知覚するかのように受け取る描写というものが連想照応を成立させるために重要であることは既に述べたが、それは言い換えれば、語り手（話し手）が語った事柄をそのまま受け入れて、語られた談話世界に関して、語られたままに理解しようとすることである。つまり、小説など「物語」の内容として当該の文を受け入れることで、連想照応に必要と思われるフレームを補強する想像力を予め用意すると考えられる。「物語」は、既に語られたもの、文脈上に既にある要素と、その既に語られた要素を取り巻く「存在するはず」の要素から成る。つまり、通常の話し手・聞き手の

27　Carlson (1977) の individual level と stage level の考え方より。指示対象の存在のあり方において、時間に関係のない存在（individual level）と、時間に束縛された存在（stage level）を分けて考えることにより連想照応における身体部位の振る舞いを理解できると考える。

会話において当該の談話の対象、つまり文脈に記録されるものの他に、一般的に共有される知識と発話の状況が存在するように、「物語」においても、まだ語られていない背景となる状況（＝場面）が想定される。定名詞句には発話の状況から指示対象を同定する現場指示的用法があるが、物語においてもまだ語られていない背景を、内的焦点化によって物語の現場へ身を置くことにより、それ利用した照応が可能なのではないかと考える。「物語」という枠組みが用意されることで、連想照応に必要なフレームや、それを補強するようなイベントの存在を容易に認識する事が可能になるのではないだろうか。

3.1　定名詞句の現場指示的用法に関して—Hawkins (1978) より—

「物語」の現場指示を考える前に一般的な現場指示の用法に関して先行研究である Hawkins (1978) を見てみたい。Hawkins (1978) の定名詞句の用法で、現場指示的なものは situation use と分類される。下位の概念として visible use と、immediate situation use がある。そのうち immediate situation use が本稿でいう「物語」の現場指示へ繋がる用法と考える。二つの用法は locate する力において同じであると説明され、違いは見えているか、以前に教えられたか、という指示対象の存在に対する了解の仕方の差であると説明される。しかし、厳密には、以前に必ずしも知らされていなくてもよいことが指摘されている。

(27) 　a. Beware of the dog.
　　　b. Harry, mind the table!　　　　　　　　　　　(Hawkins 1978)

例27a のような猛犬注意の張り紙では、犬は見えてなくてもよく、かつ、初めてそこに通りかかった犬が居るかどうか知らない通行人にも理解される。また、例27b のように、目の不自由な人である Harry への忠告において、Harry にはテーブルの存在は知覚されえない。つまり、犬、テーブルがあるだろうことが聞き手にとって想定されればこの現場指示

の用法は使用可能である。同じことは、フランス語でも可能であり。

(28) Attention à la voiture! 　　　　　　　　　　（東郷 2001）
　　　(Attention to the car!)

　この注意は、道を横断している聞き手に車が見えていない場合においても適格である。これら定名詞句の用法では、潜在的な、聞き手にとってまだ知覚されていないものを前提としている。しかし、その知覚されていない前提は容易に、それがそこに存在することがごく自然に、少なくともその状況においてその存在が不自然ではないことが要求されている。

　このことに関して、現場指示的と書いてきたが、そのことは所謂、直接指示とは異なることを断っておきたい。東郷（2001）の先行研究で述べられているように、これらの定名詞句の用法は、発話の状況からの直接の指示ではない。つまり、直接の指示であるならば聞き手は発話状況だけを参照して理解する、すなわち発話された状況、場面においてそれに該当する個体としての対象を見出さなくてはならない。しかしながら、見えていなくてもよいということは、それ以外の要素が関係していることを表している。東郷が Kaplan (1989) を用いて説明する「値踏みの場」、それは発話の状況に、談話の文脈と話し手・聞き手の共有知識を加えて作り出される指示対象が存在する最小の談話領域のことであるが、この「値踏みの場」から指示であると考えられる。その特徴は、

A) 発話状況からの直接指示とは異なり、指示表現が用いられた命題内容から「計算」によって指示対象が確保される。
B) 個体同定にまで至らない浅い同定で、« Quel N ? »« Lequel ? » という質問を誘発しない。
C) Le N を含意する唯一性は値踏みの場で局所的にしか成立しない。言い換えれば当該の値踏みの場を離れれば、指示対象の候補は複

数あってもかまわない。

(東郷 2001)

とされ、これはこの後見ていく「物語」の現場指示に関しても非常にうまく適合する。すなわち、A：「物語」の枠組み内では発話状況にあるものは「語られていないもの」であり直接利用することはできず、命題内容すなわち述語表現によって初めて指示対象が明らかにされる。B：「物語」の中で言語表現としてはじめて言語文脈に登録された対象であり個体同定は不可能である。C：まさに語られることで存在するという「物語」のルールによって存在するものであり、「物語」の外とは何の関係も持たない。この様に、「物語」の現場指示の概念も、定名詞句の持つこの間接的な指示の特徴を当然ながら引き継ぐものである。

3.2　内的焦点化による「物語」の現場指示

今まで見てきた例文の中で、内的焦点化と特に関わりがあるのは Fradin (1984) の挙げた感嘆詞の使用例と、身体部位に連想照応の例である。それらの例と、物語の現場指示との関連を検証していきたい。

(29)　a. *Les enfants* sont rentrés. ??**Les souliers** sont pleins de boue.

(Fradin 1984)

　　　(*Children* came home. **The shoes** are muddy.)

　　b. Tiens! *Les enfants* sont rentrés. **Les souliers** sont pleins de boue.

(Fradin 1984)

　　　(Hello! *Children* came home. **The shoes** are muddy.)

例29b において、感嘆詞が入ることで語り手の知覚というものを読み手へ意識させるが、この例においては、泥の付いた靴を見て子供たちが帰ってきた場景というものが想起させられる。外から子供が帰ってくるということは、当然靴を履いているという状況として想定される。ここ

においては、泥で汚れた靴が知覚されているが、子供たちを直接に見たわけではない状況が読み取れる。このことは、子供たちの姿の一部として靴を見たのではなく、語り手が置かれている物語内部の一場面において靴を発見したということを読み手に、ある意味無理やり了解させている。感嘆詞がない29bが容認されないのは、普通の連想照応として取るならば靴は身体部位と同じ扱いで基本的に照応できず、また内的焦点化を促すようなものがないため、泥の靴を見つけた知覚というものを追体験できないからである。一方、感嘆詞があることで、以下の文章は語り手の独白として受け止められ、語り手にとって知覚され語られたのであるから、語られたものは、語り手の存在する談話の文脈において存在すると認めざるを得ないという構造をとる（語り手の存在が語られたものの存在を保証する）。定冠詞を用い照応の形式を取る以上、すでにどこかにある物を参照するわけだが、この場合、談話の前文脈にはない（衣服、靴などは身体部位と同じでフレーム作れないから）ので、まだ顕在的には言及されてはいないが語り手がいる状況（現場）にあるであろうものが選ばれていると考えるのが妥当である。よって、この例に関して連想照応を可能にしている第一の理由は、子供と靴のフレームではなく、物語であるという枠組みにおいて語り手が語ったということであり、ゆえに存在することになったのであると理解されるべきである。

(30) a. On entre dans *un restaurant*. ?**Le menu** n'est plus servi.　(Fradin 1984)

 (We enter *a restaurant*. **The set meal** is not served anymore.)

 b. On entre dans *un restaurant*. Hélas! **Le menu** n'est plus servi.

(Fradin 1984)

 (We enter *a restaurant*. Alas! **The set meal** is not served anymore.)

同様に、例30bにおいて定食が定冠詞で照応しているのも、単にレストランと定食というフレームによるものではなく（なぜなら例30aの容認度が低いことから）、語り手がレストランへ入り知覚した状況におい

て、定食が終わっていたことを知覚しそれを独白することによって、その存在を語り手だけに見えている状況から読み手にも見える状況へ持ってきたことによって初めて了解されるのである。無論、レストランと定食が全く関係ないものならば語りによって結びつけることも難しいと思われるが、その語りの状況に必然的ではないにしろありそうなものを、心情の吐露を伴うことで、読み手との同一化を促して強引に連想させる力がある。

(31)　*Une femme* rêvait. ?**Les yeux** étaient fermés.
　　　(*A lady* was dreaming. **The eyes** were closed.)

(32)　*Elle* jouait du piano dans le salon. **Les doigts** glissaient sur les touches.
　　　(*She* was playing the piano in the salon. **The fingers** were gliding over the keys.)

例32が身体部位の例ながら容認され、また例31に関しても小説であれば連想照応として理解されやすくなるのも、これらの文において半過去時制が先行詞を含む文、照応詞を含む文の両方ともで用いられることによって、小説の一部であるような印象を読み手に抱かせ、内的焦点化によって語り手との同一化を促すからである。そして、語り手が見たものを、読み手が知覚したとものとして理解することで、人間と身体部位のフレームによる連想照応としてではなく、目に映った場景として人間の個体性を判断することなく一時的な眼前描写として受け入れることになる。つまり、例32において、ピアノを弾く女性と、鍵盤を走る指が同時に見えている、同じ場所に同時に存在していることが重要で、その二つの直接的な結びつきというものは二の次であると考える。そして、les doigts の定性は、先行表現の elle と直接的に結ばれているというよりは、ピアノがあり、弾く人がいる状況において、その状況に存在していると思われる指が知覚された結果であり、ピアノを弾いている人の指で

あると、ことさらに関連付けるのではなく、あくまで語り手がその現場で知覚した結果であると考えられる。ここにおいては、ピアノやピアノの演奏といった文脈が決定的な役割を果たしているのではない。このことは、先に扱った次の例からも明らかである。

(33) a. *Elle* jouait du piano dans le salon. **Les doigts** glissaient sur les touches.
(=26)

(*She* was playing the piano in the salon. **The fingers** were gliding over the keys.)

b. *Elle* jouait du piano dans le salon. ***Les doigts** étaient fins.

(*She* was playing the piano in the salon. **The fingers** were fine.)

談話の文脈としてピアノの演奏だからという理由において les doigts が連想照応されるならば、例33b が連想照応不可であることが理解できない（繰り返しなるが、例33b において指が細いという事柄は、眼前描写としてではなく elle の恒常的性質と理解されるため連想照応できない）。つまり、語り手が内的焦点化によって切り取った一場面の描写、例えるならば一枚の絵のようなその場景が存在するということが決定的であり、そこに描かれた一要素であるから定冠詞の使用が可能になっている。語り手によって語られることで、その場に確かに存在するということが保証されるのである。人間の体の一部としての指という関係性（全体・部分の関係ではない）は存在し、ピアノの演奏において指は重要な要素であり関係性を有してはいるが、それだけでは連想照応は成立しない点を強調したい。そして、ここにおいて連想照応を成立させているのは、内的焦点化を通した場面の描写、すなわち場面の固定という時間の制約である。

4 まとめ

　全体・部分のフレームをもつ連想照応と場所・空間のフレームをもつ連想照応に関しては、それぞれフレームだけで先行詞と照応詞の指示対象の関係が保証されるため、時間的な同一性は連想照応の可否に関しては必要ない。しかし、そのような例においても照応詞を含む文の時制は半過去時制が好まれ、場面の同一性が守られている例文が多く、時間の要素が連想照応に影響を与える重要な一部であることの傍証となる。同様のことが、動詞の項を照応詞の対象として取る連想照応に関しても当てはまる。一方、役割を表すフレームを持つ連想照応においては、照応詞が表す対象は役割という関係性のみにおいて先行詞との関係が保たれており全体・部分に見られるような包摂関係を伴っていない。このことから、フレームだけでは先行詞の指示対象と照応詞の指示対象の関係性が保証されず、その結果として、出来事の包摂関係や場面の同一性がその照応の可否に影響を与えていることが観察される。分離可能性を満たしているこれらの連想照応に関しても場面の同一性、描写性の高さが容認度の向上につながり、基本的に描写性を伴わない例文が殆どないことから、描写されたもの、内的焦点化を伴う、すなわち小説における「語り」の文体との親和性を指摘できる。連想照応が現れる例文は基本的に小説における「語り」の文として受けとられるものであり、それは物語の中の誰かの視点を通して知覚された場面の描写であると認識されるものである。このことは連想照応が、設定されたある場面に対して描写する、すなわち設定された場面・時間を引き継ぐことをその機能に含んでいることを示している。

第4章

連想照応の周辺領域

1 連想照応の周辺領域

　連想照応を扱うに当たって、同じように非忠実照応で定冠詞を用いる現象を見てみたい。既に連想照応の中でも取り上げた明示的な先行詞が存在しない例文や、直後の受け直しのパラドックス（paradoxe de la reprise immédiate）として知られる現象、上位概念語による受け直しを取り上げて、連想照応との関連性や本稿の指摘する時間の制約がそれらの現象においても有効かどうかを考察し、定名詞句照応における連想照応の位置、また時間の制約の妥当性を考えてみたい。

1.1 直後の受け直しのパラドックス（paradoxe de la reprise immédiate）

　フランス語においては不定名詞句 un N を定名詞句 le N で照応する場合に、不定名詞句が現れたすぐ後に続く文では le N による忠実照応が出来ない場合がある。

(1) 　a. *Une femme* entra dans la pièce. J'avais vu **cette femme** chez un ami.

(Corblin 1983)

　　　(*A woman* entered the room. I had seen **this woman** in a friend's house.)

　　b. *Une femme* entra dans la pièce. *J'avais vu **la femme** chez un ami.

　　　(*A woman* entered the room. I had seen **the woman** in a friend's house.)

(2) Tu verras *un garçon* et *une fille*. Tu dois donner une poupée à **la fille** et une voiture **au garçon.** (Corblin 1983)
(You will meet *a boy* and *a girl*. You should present a doll to **the girl** and a car to **the boy**.)

例1のように、直後の受け直しの位置では ce による照応が行われ、le による照応はできない。しかし、例2のように、先行詞が等位接続をともなっている場合には、le による照応が義務的となる。この現象を、Corblin (1983) は「直後の受け直しのパラドックス」（即時反復のパラドックス）と名づけた。

1.2　Corblin (1983) の対比説

Milner (1976) において、直後の位置で le N による照応が成立するためには、当該の名詞句が十分に同定されていなければならないとされる。ただ、名詞句の生起が対立の概念を含み、その対比によってその名詞句が限定されている場合は le N による照応が最適であると指摘している。

(3) a. Il y a *un dictionnaire* sur la table. ***Le dictionnaire** est ouvert. (Corblin 1983)
(There is *a dictionary* on the table. **The dictionary** is open.)
b. Il y a *un dictionnaire* et un roman sur la table. **Le dictionnaire** est ouvert. (Corblin 1983)
(There is *a dictionary* and *a book* on the table. **The dictionary** is open.)
c. Il y a *un dictionnaire* sur la table. La pièce est sombre. **Le dictionnaire** est ouvert. (Corblin 1983)
(There is *a dictionary* on the table. The room is dark. **The dictionary** is open.)

例3b は un dictionnaire と un roman の対比が存在するために le N によ

って照応される例であるが、Corblin (1983) は例 3c のように、直接の等位構造を持たない場合でも le N で受けられるとする。間に挟まれた la pièce est sombre の一文は先行詞の同定になんら関わっていない場合でも、le N による照応が可能になることを指摘し、名詞句の対比にとって重要なのが、その名詞句の性格（つまり、ここでは、辞書と小説という本で括られるペアの関係）ではなく、複数の潜在的な先行詞の存在（ここでは、辞書に対して、新たに追加された部屋）であり、語彙領域の対比を生み出すものの存在が重要であるとする。つまり、複数の名詞句の語彙領域の存在が機械的に le N の照応の可否を決定すると説明される。

(4) a. Il était une fois *un prince* très malheureux. ***Le prince** ne pouvait pas avoir de fils. (Corblin 1983)
 (Once upon a time there was *a very unhappy prince*. **The prince** could not have...)

 b. Il était une fois *un prince* très malheureux malgré *son beau château*. **Le prince** ne pouvait pas avoir de fils. (Corblin 1983)
 (Once upon a time there was *a very unhappy prince* in spite of his beautiful castle. **The prince** could not have...)

 c. Il était une fois *un prince* très malheureux. **Le prince** aimait *une belle princesse* qui ne l'aimait pas. (Corblin 1983)
 (Once upon a time there was *a very unhappy prince*. **The prince** loved *a beautiful princess* who didn't love him.)

例 4b においては、un prince と son beau château の対立が存在し、例 4c に見られるようにその対立は、受け直しの後でも可能であるとされる。しかし、例 3a では何故、un dictionnaire と la table は対比を生み出さないのかという問題点が残り、機械的な語の対立だけではない、他の理由が存在する可能性が残る。

第4章 連想照応の周辺領域

1.3　春木（1986）、井元（1989）の先行研究

　春木の先行研究は、Corblin (1983) の対比説に対して、指示対象の安定性という観点から別の仮説を提案している。「ある定名詞句の指すものが discours の流れの中で指示対象としての資格が確立していればいるほど、le N による反復がより可能になる」[28]として、先行詞の指示対象に関する情報が増えることで談話の文脈が明確化し、先行詞の資格が確立に向かい、le による照応が可能になるとする。

(5) a. *Un homme* descendit du train. **L'homme** avait une valise. (Ducrot 1972)

　　　(*A man* got off a train. **The man** had a suitcase.)

　　b. *Un homme* descendit du train. **Cet homme** avait une valise.

　　　(*A man* got off a train. **This man** had a suitcase.)

(6) a. *Une femme* entra dans la pièce. J'avais vu ***la femme** chez un ami.

　　　　　　　　　　　　　　　　　　　　　　　　　　(Corblin 1983)

　　　(*A woman* entered the room. I had seen **the woman** in a friend's house.)

　　b. *Une femme* entra dans la pièce. **La femme** portait un chapeau rouge.

　　　(*A woman* entered the room. **The woman** was wearing a red hat.)

(7)　*Un homme* entra dans la pièce. Sans dire un mot, Pierre tira sur **l'homme**.

　　　　　　　　　　　　　　　　　　　　　　　　　　（春木 1986）

　　(*A man* entered the room. Without saying a word, Pierre shot **the man**.)

　さらに、例 5a において、le N で照応した場合に、「この人物（l'homme）は物語の中の登場人物として確立された(重要な)位置をもったものとして感じられる—より厳密には再解釈される—」ということを指摘し、ce を用いた場合の照応との違いを述べる（ce を使った場合は、物語の

28　春木（1986：19）

中の主要要素ではなく単なる一要素として解釈される)。文脈の流れが自然な場合は、直後位置でも le 照応できるとされ、例 6 a が照応不可能なこととの違いに関しては、先行詞の指示対象が談話のテーマ (thème) であるかどうかの違いであるとし、主語位置に置かれた方が文のつながりが確かであり、確立された指示対象として再解釈を受け易いからだとする。重要視されるのは、受け直された定名詞句が、談話の流れの中で、定冠詞を使って照応しても自然に受容される、つまり、他の指示対象ではなく、先行詞の指示対象との同一性が容易に確認できるという意味で受容されるか否かということになると考えられる。直後位置という先行詞と照応詞を含む談話に関して、情報量が非常に限られた場面においても、その二つを結ぶ関係性を明示できるような語句が使用されれば十分に談話世界が構築され、それをもとに指示対象の確立は可能であり、le 定名詞句による照応は可能であるということになる。

　井元 (1989) では、春木の研究を受けて、次のような仮説を提案する。「指示対象が『発話内世界』の中に唯一存在し、かつ『発話内世界』における位置づけが明確になっている時、それを le N で指示することが可能である」[29]ここにおける発話内世界の定義は、「発話が語る場面であり、発話内容が有効性を持つ場」であるとされ、例 5 では「ある男が電車を降りた」という行為は、この動詞の時制が限定する特定の時間、そして特定の場所の中においてのみ有効でありその限定された時空間が「発話内世界」であるとされる。位置付けが十分かどうかの基準は、同じ発話内世界の中に、他にも言及に値する対象が存在していると感じられるかどうかということで決まるとされる。

(8)　a. Il y a *un dictionnaire* et une montre sur la table. **Le dictionnaire** est ouvert.　　　　　　　　　　　　　　　　　　　　(Corblin 1983)
　　　(There is *a dictionary* and *a watch* on the table. **The dictionary** is open.)

---

[29]　井元 (1989 : 29)

b. Il y a *un dictionnaire* sur *une* table. **Le dictionnaire** est ouvert.

（井元 1989）

(There is *a dictionary* on *a* table. **The dictionary** is open.)

c. Il y a *un dictionnaire* sur la très jolie table que mon oncle a achetée. **Le dictionnaire** est ouvert. （井元 1989）

(There is *a dictionary* on the very lovely table that my uncle bought. **The dictionary** is open.)

　例 8a のように新たな名詞句「時計」を導入すれば、「辞書」の他にも言及する価値のある存在を構築でき、また、8b のように、table の冠詞を定冠詞 la から不定冠詞 une に変えると容認度が上がることを指摘し、机が辞書と同様に後で再び言及される可能性を感じさせることで、le による照応が可能になることもあると説明する。例 8c では、「机」という名詞句が修飾されていることで、この文脈において、重要な役割を果たすものであると感じさせていることから、後に言及され得る対象になる可能性が増し照応が可能になっていると指摘する。この考え方は、先に Corblin が指摘した名詞句の語彙領域の「対比」の概念を「対比」という概念を薄めつつも受け継ぎ、春木の指摘する「談話の流れ」からの談話世界における安定性という考察を無理なく融合させた考え方であると思われる。

1.4　先行研究の問題点

　先行研究にはいくつかの問題が存在している。一つは、取り上げられている例文に関してである。Corblin の等位構造を伴った例 2 などを除くと、自然な会話の中で用いられる類の発話ではないということが指摘できる。逆にいえば、等位構造を伴っていない例文は、すべて書かれた文であるという印象を与えるものである。春木の挙げた例 5 や例 6b は、春木自身が指摘しているように le 定名詞句で照応した場合は、小説の一節であるような印象を与える。また Il y a... で始まる例文は Kleiber

(1986) が指摘しているように舞台台本のト書きを思わせ、例4のような Il était une fois... で始まる例文は、昔話に特有の書き出しであることはよく知られていることである。これらの等位構造が伴わないタイプの例文に共通する特徴は、先行詞を含む第一文が提示文の仲間であるということであり、先行詞で表されるものの対象が存在していることのみを表現する文であるということである。しかし、これは直後の位置における受け直しの本質的問題であって恣意的な例文の選択ではないと考えられる。直後の位置における定冠詞照応の問題が起こるのは、先行詞に関してそれ以前の談話の文脈で言及されていることがないのが普通であり、先行詞を含む文がその談話における初めての発話であることが要求されやすい。物語などの文頭表現になることが多く、故に例文は提示文が多くなる。ここに本稿で扱う例文には二つのパターンがあることが理解される。つまり、等位構造を持つものと、持たない提示文である。また、提示文と等位構造を含む文の間には、le 定名詞句による照応に関して違いが存在している。等位構造含む文においては、le の使用が義務的なのに対して、提示文の場合には、非義務的である（ce / le の使い分けが可能であり、le を使うことで ce 照応とは異なる効果を出している）。さらに、その例文の二つのタイプと関連して、先行研究では二つの概念「対比」と「談話の流れ」が示されたが、本稿において問題としたいのは、例5 (*Un homme* descendit du train. **L'homme** avait une valise.) が「談話の流れ」だけで理解されるかという点である。例5の前半が、先行文脈なしに発話された場合、照応する限定詞は定冠詞 le よりも指示形容詞 ce が一般的である。明示的に「その男」として受ける ce が適当であり、le を用いると、同一性の観点から「男」と言われても「どの男」なのかという間が生じる。春木が指摘しているように、これをインフォーマントに提示した場合の反応は、「何か書かれた話の一部、小説などに感じる」というものであり、会話においてこの一文を発話した場合は、照応の理解はかなり困難となる。例5と6aを比べた場合も、une femme の位置が目的語であるので、「談話の流れ」または関係性が例6a は薄いという

第4章 連想照応の周辺領域

111

見方もできるが、後続文に新たな主語である je が存在することで、この文がある小説の書き出しであるような体裁を失うことが、この照応の可否に影響を与えていると考えられないだろうか。例7では「銃撃する」という劇的な出来事の描写を用いることで、この文が推理小説的文体であるという印象を補強している感があり、ひいてはこの文の容認度向上に役立っていると考えられる。これら「談話の流れ」が重視される（「対比」が存在しない）例文においては、その文に現れた明示的な関連性だけでなく、それが「小説」の一部であるというような認識が照応の成立を手伝っていると思われる。これらの例文の時制を見ればやはり半過去であり、連想照応のところで見たのと同様に、内的焦点化の文であり、文体からも小説であるという認識を与えている。例文が「小説」や「ト書き」であるといった認識こそが、実はこの照応の鍵なのではないかと考える。

1.5 連想照応との関連性からの本稿の見解

直後の受け直しのパラドックスで問題となっている照応において、連想照応におけるフレームに代わるような「枠組み」とはいかなるものであろうか。そこで見られる照応には、時間の経過に伴って蓄積される言語的な文脈というものは存在しない、もしくは、非常に希薄であると考えられる。また、先行研究の例文から見てわかるように、通常の会話として発話されることは稀な例が多く、発話の場の状況というものが、直接関わっているとも思われない。照応において考慮されるべき特徴は、春木（1986）の指摘するように、小説的文体において許容度が高まるということであり、それらの例が、談話の顕在的な文脈、当該の例文中の語彙領域の対比などとは別の次元、すなわち、その文章が、「物語」との関連を念頭において解釈されていることを示している。連想照応と同じように、直後の受け直しのパラドックスの例文において、対比の構造を持たない例文はほとんどが半過去時制である。このことは、これらの例文と内的焦点化の強い関連性を感じさせ、「物語」という枠組みを

始めから通した形で理解されるべきであると考える。

(9) *Un homme* descendit du train. **L'homme** avait une valise.　　　(=5a)
　　(*A man* got off a train. **The man** had a suitcase.)

　例9において、Un homme（ある男）は、これが小説の書き出しとしてみなされる時点で、その物語の「登場人物」として解釈することが可能となる。このことは、単なる「ある男」ではないことを保証し、当該の物語との関係性を有する形になる。すなわち、「物語に出てくる男」さらに言うならば「物語で何らかの役割を果たす男」となり、un N で導入された指示対象に、それが解釈される場、「枠組み」（つまり、「その物語」）を与えることができ、それによって le N 照応の成立に寄与していると考えられる。例3に対する Kleiber (1986) の指摘、「舞台台本のト書き」であれば照応の容認度が向上する、というのも「物語」とおなじ枠組みがそこに明確に用意されるからと理解されるものである。また例9において、照応詞を含む文の時制が半過去時制であることから（先行詞を含む文が単純過去もしくは半過去であることも含め）、先行詞を含む文の出来事・イベントと同じ場面で照応詞は捉えられており、時間の経過は存在していない。直後の受け直しにおいても連想照応の場合と同様に、時間の制約というものが照応を成立させるための一要素になっていると考えられる。

(10) a. *Un homme* entra dans le bar. ?**L'homme** s'accouda au comptoir.
　　　(*A man* entered the bar. **The man** put his elbows on the counter.)
　　b. *Un homme* entra dans le bar. **L'homme** portait des vêtements fripés et salis.
　　　(*A man* entered the bar. **The man** wore wrinkled and dirty clothes.)
　　　　　　　　　　　　　　　　　　　　　(Gaiffe, Reboul & Romary 1997)
　　容認度 a ＜ b

例10において、これも直後の受け直しの例だが、例10aのように「ある男がバーに入った。その男はカウンターにひじを突いた」と時間的経過、場面の進展がある場合は容認度が落ち、10bのように「その男は汚れたよれよれの服を着ていた」と半過去時制で同一場面の描写である場合は容認される。このことから、連想照応の時と同様に照応詞を含む文が、先行詞を含む文と同じ場面を表わす時は、le N 照応の容認度が高くなることが観察される。

(11) a. *Un policier* s'adressa à la jeune fille. ?**L'homme** lui demanda ce qu'elle voulait.
(*A police* officer spoke to the young girl. **The man** asked her what she wants.)

b. *Un policier* s'adressa à la jeune fille. **L'homme** avait de grandes yeux bleus et ...
(*A police* officer spoke to the young girl. The man had big blue eyes and...)

(Gaiffe, Reboul & Romary 1997)

例11に関して、直後位置は同じではあるが le N の受け直しではなく、言い換えの例になるが、この場合も、「質問した」という場面展開がある場合、「大きく青い目をしていた」という同一場面の描写に比べて容認度が落ちることが観察される。

(12) a. *Un homme* entra dans la pièce. Sans dire un mot, Pierre tira sur **l'homme**. (=7)
(*A man* entered the room. Without saying a word, Pierre shot **the man**.)

b. *Un homme* entra dans la pièce. ?**L'homme** tira sur Pierre.
(*A man* entered the room. **The man** shot Pierre.)

確かに春木の挙げた例文12aのように、明らかに場面が展開しても容認される例もある。ただし、12b の様に Sans dire un mot を取り除き、L'homme（ある男）の方を主語に代えると容認度は下がるので、例12aの容認度が高い理由は、その語順や修飾節など他の文法要素の影響も受けていると考えられ、連想照応で見た時間の制約は12b の容認度から考えて直後位置における le N 照応全般に機能していると考えても良い。

　以上の様に、「小説」や「ト書き」であるといった認識が、また時制においても半過去時制であり内的焦点化されていることが、照応の鍵だということを主張したい。例 9a の「ある男」は単にこの明示された文章における不定名詞句の「ある男」ではなく、「ある小説の登場人物であるのでは」と認識された場合において、初めて定名詞句 le によって照応が可能になる。小説と登場人物という「枠組み」が存在すれば、井元の言うところの「発話内世界」＝小説と、そのなかにおける位置づけ＝登場人物というものが明確化されるため、このタイプの照応が容易になっていくと考えられる。ここにおいて「対比」は必要不可欠な要素というよりは、あればあるだけその「枠組み」が決まり易いという関係になる。つまり、例 7 の la pièce や例 4 の *son beau château* などの名詞句は、それらを含む文脈が「小説」的であり、「ト書き」的であることに大きく貢献しており、その意味では、談話の流れが影響を与えることは否定はしない。Il était une fois から始まる書き出しにおいても、多分に「おとぎ話」的な枠組みを用意するが、それが確かに「物語」であると感じさせる要素が多ければ多いほど「枠組み」は強化され、照応の自然さは上がると考える。直後の受け直しのパラドックスに見られる例文の偏りは、小説的なものを選んできたから出来たのではなく、照応可能なものは小説的な例文であり、小説的であることがこの照応現象の本質であるということに起因していたのである。

1.6 等位接続の問題に関して

受け直しのパラドックスで、典型的な例とみなされている等位接続の例を取り上げたい。Colbrin はこの等位接続を伴う例から研究を進め、等位接続の持つ対比という概念を直後の受け直しの照応の解決におけるポイントのようにしている説明が多い。しかし、実際に重要なのは対比に伴って行なわれる先行詞の指示対象の談話世界内での確立である。対比は非常にわかりやすい形で貢献するものの、対比そのものの存在が照応を可能にしている原則ではないことは、これまで見てきたとおりである。

(13) a. Il y a *un dictionnaire* et un roman sur une table. **Le dictionnaire** est ouvert. (=3b)
(There is *a dictionary* and a book on the table. **The dictionary** is open.)

b. Il y a *un dictionnaire* et une montre sur une table. **Le dictionnaire** est ouvert. (=8a)
(There is *a dictionary* and a watch on the table. **The dictionary** is open.)

c. J'ai rencontré *un chien* et un chat. **Le chien** m'a suivi.
(I met *a dog* and a cat. **The dog** ran after me.)

例13a と例13c では、等位接続において結ばれている要素は、同じカテゴリー・本であったり、動物であったりし、そのことが、動物－犬のようなカテゴリーを想起させるという考え方もあるかもしれない。確かに、この手の等位接続で結ばれるものは、例2ではじめに見た、息子・娘というペアや犬・猫といった、その二つのペアで用いられることが慣用的なものが多いことも事実である。しかし、例13b に見るように、辞書・時計といったカテゴリーが違うと思えるものでも直後の受け直しは可能である。また、例13c で、un chat の代わりに動物かどうかも分から

ない未知の生物 A を、un A という形で用いても、同様に照応は可能である。このことから考えても、等位接続される名詞句の問題というよりは、等位接続の構造自体が、ここでは照応に影響を与えていると考えられる。二つの名詞句が等位接続されているということは、その二つはすでに関連があるものとしてみなされやすい。等位接続であるので、二つの名詞句は対等の関係を表しており、当該の談話においては、何らかの意味で、二つだけが対等に持ちうる性質がある。これは、要素が二つしかないカテゴリー、もしくはフレームというものを形成しているのと似ている。例13a おいて、先行詞は「ある辞書」と「ある小説」を導入しており、それ以外の文脈情報は、それが机の上にあるということだけである。照応詞 le dictionnaire が照応しているのは「小説ではない、辞書の方という」解釈であると思われる。等位接続で作られた、辞書と小説という閉じられた枠組みのなかから、片方を選び出している。つまり、等位接続されているということが、le N の照応に必要な、多要素間の比較という原則を肩代わりしているものとみなせる。通常、比較には二つ以上の潜在的な要素が想定されるところを、顕在的な二つの要素が代行している形である。要素は二つしかないものの、共に文脈に顕在化しかつ、等位であるという状態は有効に「枠組み」として機能すると考えられる。ここにおいては、等位構造自体が、指示対象の談話世界での確立を担っており、単なる le N 照応の問題ではなく、等位接続と照応の組み合わされた問題である。よって、本稿で論じている照応の原理だけではなく、等位接続の問題全般に関わり、等位接続の構造がもつ特殊性を考えると、これは別の問題として研究する必要があると思われる。少なくとも le N 照応の側から指摘できることは、等位接続された二つの要素が擬似的なフレームを成しておりそれを利用して照応が可能であるということであるが、本書ではこれ以上取り上げないものとし今後の課題としたい。

1.7　上位概念語（hyperonymie）による照応

　上位概念語（hyperonymie）による照応も、直後の受け直し位置で起こるものであり、包摂関係を伴うことから連想照応とも関連があると思われるので見てみたい。

(14)　a. J'ai rencontré *un chien*. ***Le chien** m'a suivi.

　　　　（I met *a dog*. **The dog** ran after me.）

　　　b. J'ai rencontré *un chien*. ***Il** m'a suivi.

　　　　（I met *a dog*. **It** ran after me.）

　　　c. J'ai rencontré *un chien*. **L'animal** m'a suivi.　　　（Theissen 1998）

　　　　（I met *a dog*. **The animal** ran after me.）

　Theissen (1998) は、例14ように直後の受け直しの位置において、上位概念語における照応が可能であるという例を指摘し、「直後の受け直しが起こる環境においては、un N で導入された要素は、心的モデル内に自立した要素として確立されておらず定名詞句で受けられない。他の文の介在や、等位接続による語彙領域の対照や hyperonymie による再カテゴリー化といった、認知的、心理的な距離というものの存在が、直後の位置における定名詞句の照応を可能とする」とする。このことが意味するのは、照応が可能となるには、一般の忠実照応におけるような談話の進展（時間・空間の経過）か、またはそれに代わる心理的な距離（それが表す何らかの情報というもの）の必要性ということであると思われる。春木は談話の進展の方を拡張させ「談話の流れ、関係性」により、ここで言う認知的・心理的距離もカバーしていたように思われるが、本稿では逆の方向性、ここで言われている認知的・心理的距離というものを、連想照応が本質的に持っているフレームの考えから出発して、それに相当する「枠組み」が何であるかということを示したい。つまり、あくまでフレームに代表されるもの、個々の談話の文脈を超えた何かの存在が必要であると考える。談話の文脈の進展によってもたらされる情報の代

わりに、直後位置の照応においては、一般的に共有される知識か、もしくは発話の状況から「枠組み」がもたらされていると考える。上位概念語の受け直しでは、「枠組み」を担うのは、知識におけるカテゴリー間のネットワークではないだろうか。動物のカテゴリーに犬が入ることは、言語的な決まりというよりは、文化的に共有される知識に属するものである。この知識「枠組み」の有無が例14aと例14cの違いを生んでいると考える。また、それ以外の差は明示的な文脈上には存在していない。この照応では、文脈で直接照応するのではなく、一般に共有された知識を介することによって、初めて照応が可能になる。これが、先に言及されていた認知的・心理的距離に相当すると考えられる。つまり、一旦、文脈を離れて知識のレベルで当該の先行詞と照応詞の対象を結び付けるのである。ただし、上位概念における包摂関係は、全体・部分の包摂関係とは異なり、上位概念である（ここでは「動物」）方が、全体・部分関係における部分すなわち包摂される方の役割を担う。

(15)　a. J'ai rencontré *un chien*. **L'animal** m'a suivi.　　　(Theissen 1998)
　　　　(I met *a dog*. **The animal** ran after me.)
　　　b. J'ai rencontré *un* animal. ***Le chien** m'a suivi.
　　　　(I met *an animal*. **The dog** ran after me.)

例15を見て分かるように先行詞が犬であり、照応詞が動物となり、犬を動物で受けるのは可能だが、動物を犬で受けることは出来ない。これは、犬であるという情報には動物であるということが含まれるが、動物であるという情報には必ずしもそれが犬であるという情報は含まないためである。つまり紛らわしいことだが、動物という大きなカテゴリーはそれ自体が最大公約数的な性質を持つものであって、個別の動物一つ一つの詳しい情報を持ち合わせているものではない。つまり動物にはいろいろな種類の生物が含まれることは情報として存在するが言語形式として「動物」と表現した場合、それは実際どの動物であるかの情報を含ん

でおらず、漠然と様々想定される何かの動物のどれかであることしか表していない。一方、「犬」という情報の中には、必ず同時にそれが「動物」である情報が含まれている。それに対して、今まで見てきた全体・部分の関係においては、全体は、部分に含まれる情報すべて持ち合わせた上でさらに多くの情報を持った存在である。つまり、カバーする範囲の広さではなく、そのものの持つ情報量が多いほうが、包摂するものとなり、少ないほうが包摂されるものとなるのである。

2 連想照応の境界線

最後に連想照応とされている現象はどこまでかということを少し考えたい。本稿でも一章で見たように、連想照応という現象と、推論を重ねて関係性を見出す照応との間に区別はあるのだろうか。また、連想というからには、基本的には連想を誘う先行表現が必要だと考えるが、何をもって先行表現と言えるのだろうか。

2.1 先行表現のない連想照応

先行詞が顕在的に存在しないものに関して見てみたい。語彙ステレオタイプ的な立場に立ち戻り、連想照応が先行詞・照応詞の内的関連性によるものと考えるなら、先行詞が先行文中にない以下の例16は連想照応ではないことになる。Kleiber (2001) などの先行研究においては、この手の例文は連想照応として扱っていない。本稿でも基本的には連想照応の名で呼ぶ現象ではないと考えるが、しかしながら、le 定名詞句が使われており、それ自身は総称用法の定名詞句ではなく、また先行する文との間に関連性も見られる、少なくとも関係がそこに無いとは言えないことから、ここで取り上げることにしたい。なぜならば、本書が主張する描写性というものがそれらの例文において強く作用しているからである。定名詞句の使用と描写性の関係性をここで再確認したいと思う。

(16) a. Sophie dormait, **le journal** était tombé au pied du lit, **le cendrier** était plein à ras... (Charolles 1999)
　　　(Sophy was sleeping, **the newspaper** was dropped at the foot of the bed, **the ashtray** was to the top full...)

　b. Sophie dormait. **Le journal** était tombé au pied du lit,**le cendrier** était plein à ...
　　　(Sophy was sleeping. **The newspaper** was dropped at the foot of the bed, **the ashtray** was to the top full...)

　c. Sophie dormait. **Le livre** était tombé au pied du lit...
　　　(Sophy was sleeping.**The book** was dropped at the foot of the bed...)

　d. Sophie dormait. ***Le vase** était tombé au pied du lit...
　　　(Sophy was sleeping. **The vase** was dropped at the foot of the bed...)

　容認度 a = b ≧ c ＞ d

例16a、b において、照応詞が何と連想的であるかと考えるならば、明示的には現れていないが、一般的な知識として想定される「部屋」と連想していると考えるか、もしくは「寝ている」状態と連想されると考えるしかない。典型的な全体・部分の連想照応に比べれば、明らかにフレームが弱く（想定できる事態ではあるが、寝室で必ずしも新聞を読む訳ではなし、タバコを吸う訳ではない）、寝ている、寝室、寝室にあるもの、新聞、灰皿？などの推論が必要であり、例16c における「本」などに明確な形でフレームを設定することは困難に思われる（もし設定するなら、希薄で、さらに個別的なフレームとなる）。これらの例において le 定名詞句の使用が可能なのは、本稿で示してきた半過去時制がもたらす描写性、内的焦点化に起因していると考えられる。つまり、何かの物語の一部、場面描写としてこれらの例文を理解するのである。

(17) a. Sophie dormait. **Le journal** était tombé au pied du lit,**le cendrier** était plein à...

第4章　連想照応の周辺領域

(Sophy was sleeping. **The newspaper** was dropped at the foot of the bed, **the ashtray** was to the top full...)

b. Sophie dormait. ??**Son journal** était tombé au pied du lit, ??**son cendrier** était plein..

(Sophy was sleeping. **Her newspaper** was dropped at the foot of the bed, **her ashtray** was to the top full...)

c. Sophie dormait. **Le livre** était tombé au pied du lit...

(Sophy was sleeping. **The book** was dropped at the foot of the bed...)

d. Sophie dormait. ??**Son livre** était tombé au pied du lit...

(Sophy was sleeping. **Her book** was dropped at the foot of the bed...)

容認度 a＞b　c＞d

第1章で見た村と教会の例文以上に、例17b、17dにおける所有形容詞の使用は不適切であり、文の流れ、場面描写としての役割はle定名詞句は担っていると考えるのが妥当である。このことは、フレームが弱い（もしくはフレームと呼べるものがない）ため、それを補うために描写性の助けが必要なことを示しており、本稿の主張に沿うものである。よって、ここにおけるle定冠詞の使用は、描写性に拠っている部分が大きく、広い意味での連想、関連性というものは想定可能であるが、それが主たる要因ではない。先にフレームに関して議論した際にも指摘したが、どこまでをフレームに含まれるかという問題は様々な要因があり一概には決められず、フレームの精密さを求めることよりも他の要因によって連想照応の範囲を考える方が有益であると本稿では考える。

(18)　Il se souvint soudainement de *son village natal*.

　　　Les champs de blé s'ouvraient partout et **la rivière** coulait tranquillement...

　　　(He suddenly remembered *his native village*.

The wheat fields were opened everywhere and **the river** ran quietly.)

　例文18においては、生まれ故郷に対して、小麦畑や川が連想照応しているように見える例である。しかし、一般的な故郷に関するフレームというものの要素を記述することは不可能に思える。フランスにおいて小麦畑や川という何処にでもありそうなものに関して容認されるかもしれないが、実際にはない地域もあり、多分に個人的要素が関わるそれをフレームと呼んで良いものか問題が残る。本稿におけるフレームは個別の文脈に関わらない一般的知識から成るものである。

(19)　a. Elle lisait le livre concentrée.

　　　Le sandwich était laissé dans l'assiette et **le café** s' était refroidi.

　　　(She read the book concentrated.

　　　The sandwich was left on the plate and **the coffee** had become cold.)

　　b. Elle lisait le livre concentrée.

　　　***Son sandwich** était laissé dans l'assiette et ***Son café** s' était refroidi.

　　　(She read the book concentrated.

　　　Her sandwich was left on the plate and **Her coffee** had become cold.)

　　容認度 a ＞ b

　また例文19a であるが、サンドイッチやコーヒーは何と連想しているのかということに答えることは難しく、読書というイベントなのか、家庭なのか、全体・部分関係に代表されるフレームの存在は非常に希薄である。所有形容詞を用いた例19b のように son sandwich と受けることは出来ない（正確には、非常に奇妙な感じとなる）ことからも、この文においてもフレームの存在の希薄さを埋めるために、描写性が le 定名詞句の使用を保証していることが分かる。これらの例文も半過去時制を伴った内的焦点化の例文であり、「物語」であるという枠組みが照応を支えている。2章の身体部位の連想照応のところで述べたが、描写性が感

じられればそれだけで連想照応する訳ではない。よって、例18においては、必然的ではないが蓋然的な、さらに緩やかに漠然と「故郷」というものが持つイメージの集合体が存在しており、一般にそれが共同体の中でまとまった形を採ったものがフレームとなる訳だが、そこまでまとまっていないながらも容認可能な知識の集合が認識としてあることは確かである。このことからも、すでに述べてきたフレームの精密な定義の難しさを確認できる。フレームを構成する要素を精密に特定しようとすればするほど多くの要素を考慮しなければならなくなるが、要素が多くなればその一つ一つの要素が本当に共通して認識されているのかという問題が生じ、フレームそのものの纏まり・統一性が問題となってくるからである。連想照応の必要条件であるフレームの存在は非常に希薄なことから、これらの例文は連想照応と呼べるのだろうか。このような例文、つまりフレームの存在が問題となるものが、連想照応か否かの境界線上にある現象であると考える。本稿の立場を厳密に適用すれば、これらの例は連想照応ではないということになる。全体・部分に代表されるフレームという包摂関係の存在が連想照応の必要条件であり、「物語」であるという枠組み、内的化焦点化の効果が主たる原因で le N として導入された照応詞は、やはり連想の名にふさわしくない。それは所謂初出の定名詞句[30]に近いものであり、特定の先行詞の存在を必要としないものである。

3 まとめ

連想照応は基本的に先行表現を含む文の直後の文において起こるものである。同じような統語的な現象として、直後の受け直しのパラドック

---

30 言語運用において、初めから定名詞句を伴って言語文脈に導入されるもの。不定名詞句で導入され、定名詞句で照応されるというプロセスを経ずに使われる。言語により程度の差はあると考えられるが、実際には初出の定名詞句の割合は非常に多いことが知られている。Fraurud (1996)、Lobner (1985) など参照。

スとして知られる現象を取り上げ、そこにおいても照応詞を含む文と先行詞を含む文の間に場面、時間の同一性が存在する場合には照応の容認度が上がることを確認した。よって、le 定名詞句を用いた照応全般に対して、時間の制約というものが、描写性、内的焦点化を通して影響を与えていることが分かった。ただし、等位接続の例に見られるように、統語的な環境が直接的に照応の可否に関わる例も存在しており、談話の流れに代表される語用論的な理解への統語的環境の影響を、この問題を通してさらに深めるという課題が残っている。定名詞句が解釈されるのに必要だと主張した「枠組み」に関しても、語彙的カテゴリー、フレームなど下位区分が存在するが、それぞれのより詳しい特徴や差異というものを検討する必要もある。そして、本稿では取り上げなかった直後位置以外の一般的な同一性照応に関して、この非同一性照応の原理がどう関わっていくのかは今後の研究課題としたい。un N を le N で受け直す忠実照応においては、当然ながら同一の名詞の使用から先行詞と照応詞の関係性は連想照応に比べて高く、連想照応において見られる制約に関して必要とされないことが考えられる。しかし、フレームを伴う連想照応においても場面の同一性が影響を与えていたことと同様に、また直後の受け直しの照応における場合でもそうであったように、広く一般的に le N 定名詞句照応に関して何らかの影響を与えていると予想するものである。本稿の非同一性照応を中心とした考察も、以上のことから照応全般の研究に寄与できると信じるものである。

結　論

　本稿では、次の仮説に基づいて考察を行った。フランス語の連想照応は先行詞と照応詞の指示対象間における関係において、つまりフレームによってその照応の可否が決まるという従来の考え方に対して、確かにフレームは重要であり必要条件ではあるが十分条件ではなく、それに加えて先行表現を含む文と照応詞を含む文の関係性を考慮しなければならない。照応詞を含む文は、先行表現を含む文において生じた出来事に関して、その出来事の要素に対する描写を与えることが連想照応の機能として最も自然である。その為に、先行表現を含む文と照応詞を含む文は、同じ一つの出来事を共有することが望ましく、必然的に同じ時間を共有する場合に連想照応の容認度は最も高くなる。

　本稿では、連想照応に対する新たな制約であるところの、時間的な制約を考慮することで、先行研究で問題となっていた身体部位や属性の例文などに対して統一的な説明を与えることを試みた。第一章においては、先行研究が指摘してこなかったフレーム以外の条件として、連想照応が用いられている多くの例文が半過去時制を取っていることを指摘し、フランス語の半過去時制の持つ描写性が連想照応の可否に影響を与えていることを明らかにした。知覚動詞や移動を伴う文脈などが連想照応に影響を与えると言われてきたが、それらの効果は基本的に描写性を高める為であり、照応詞を含む文の述語が描写性の高いものほど連想照応と親和性が高い。しかしながら描写性はフレームと補完的に働くものであり、それだけで連想照応の必要十分条件ではない。その上で、本稿において、連想照応における描写性を「照応詞を含む文の述部が、動作、状態または属性に関わらず、照応詞の指示対象を含む場面を記述し、聞き手（読み手）にその場景を、場面と共に視覚的イメージとして提供する力」として定義し、連想照応の成否に関わる重要な要素として指摘した。描写性が高い文脈とは、先行表現を含む文と照応詞を含む文が同一の場面を

共有しており、先行文に現れた出来事に対して照応詞を含む文が記述を加える場合であり、抽象的なレベルで言うならば、先行表現の指示対象と照応詞の指示対象が同じ時間上で認識されることが連想照応の機能であると考えられ、このことから本論文の仮説が構築されるものである。

第二章においては、第一章で得られた仮説が連想照応の中で特に問題となることが多い身体部位と属性の連想照応に対して正しく適用できるかを検証した。身体部位と属性は、分離不可能性という概念で説明されるように一般的には全体・部分の関係性を持たず、よってフレームが成立しないので連想照応できないとされる。この章で詳しく論じたことだが連想照応を可能としている原理の一つであるフレームは、先行表現の指示対象と照応詞の指示対象が分離可能性を満たさねばならない。フレームのステレオタイプである全体・部分の包摂関係は、部分というものが全体の一部であるとともに、部分としてそれ自体が独立した指示対象を取らなければ、部分として成立しないものである。身体部位や属性は、全体から切り離した状態で一般的に存在することは考えられず、常に全体に従属した状態で認識されるものであり、部分の条件を満たさないので連想照応しない。しかしながら連想照応が可能な例が存在している。その様な例こそ、照応詞を含む文が半過去時制をとり、述語内容も恒常的な性質よりは一時的な性質が適した描写性の強い文であり、先行表現を含む文と同一の場面、時間を共有しているものであり、本論文の仮説に合致するものである。

第三章では、本論文の仮説が広く一般の連想照応という現象に当てはまるかを検証した。連想照応には先行表現の指示対象と照応詞の指示対象の関わり方に応じていくつかの種類があり、それを本論文では先行研究の分類を踏襲して、それぞれにおいて場面の同一性や、時間の同一性との関係を検証した。すなわち全体・部分のフレーム関係を持つ連想照応、場所・空間のフレームを持つ連想照応、動詞の項を照応詞の対象として取る連想照応、照応詞の指示対象が役割を表す連想照応である。全体・部分のフレームを持つ連想照応と場所・空間のフレームを持つ連想

照応に関しては、それぞれフレームだけで先行詞と照応詞の指示対象の関係が保証されるため、時間的な同一性は連想照応の成立には必要ないが、そのような例においても照応詞を含む文の時制は半過去が好まれ、場面の同一性が守られている例文が多く、時間の要素が連想照応に影響を与える重要な一部であることの傍証となる。同様のことが、動詞の項を照応詞の対象として取る連想照応に関しても当てはまる。一方、役割を表すフレーム持つ連想照応においては、照応詞が表す対象は役割という関係性のみにおいて先行詞との関係が保たれており、全体・部分に見られるような包摂関係を伴わない。このことから、フレームだけでは先行詞の指示対象と照応詞の指示対象の関係性が保証されず、その結果として、出来事の包摂関係や場面の同一性がその照応の可否に影響を与えていることが観察される。分離可能性を満たしているこれらの連想照応に関して場面の同一性、描写性の高さが容認度の向上につながり、基本的に描写性を伴わない例文が殆どないことから、描写されたもの、内的焦点化を伴う、すなわち小説における「語り」との親和性に関して指摘できる。連想照応が現れる例文は基本的に小説における「語り」の文として受けとられるものであり、それは物語の中の誰かの視点を通して知覚された場面の描写であると認識されるものである。このことは連想照応が、設定されたある場面に対して描写する、すなわち設定された空間、時間を引き継ぐことをその機能に含んでいることを表している。

　第四章は、連想照応の限界、もしくは境界線を探るため周辺領域の照応現象に関して考察した。連想照応は基本的に先行表現を含む文の直後の文において起こるものである。同じような統語的な現象として、直後の受け直しのパラドックスとして知られる現象を取り上げ、そこにおいても照応詞を含む文と先行詞を含む文の間に場面、時間の同一性が存在する場合には照応が可能になることから、le 定名詞句を用いた照応全般に対して、時間の制約が、描写性からもたらされる「語り」の文脈が、影響を与えていることがわかる。また、直後位置で起こる上位概念語による受け直しを取り上げて、連想照応におけるフレームのあり方との違

いを検討することで非忠実照応における le 定名詞句の振る舞いの共通点を素描した。

　以上のことから、本稿では、連想照応において先行表現を含む文と照応詞を含む文の間に場面の同一性が必要な時があることを明らかにした。また、連想照応の可否そのものには影響を与えない場合においても、場面の同一性、そしてそれがもたらす描写性と言うものは連想照応にとって重要な要素であることを示した。連想照応の使用が最も適切であるのが、小説などにおける「語り」において知覚された場景を描写する場合であることから、連想照応において先行詞と照応詞の指示対象間のフレームだけでなく、場面の同一性、時間の同一性が根本的に求められている原理であることを示した。

参考文献

Azoulay, A., 1978 «Article défini et relations anaphoriques en français», *Recherches Linguistiques*, 7, pp. 5-47.

Berrendonner, A., 1990 «Attracteurs», *Caihers de linguistique française*, 11, pp. 149-159.

Berrendonner, A., 1994 «Anaphore assocoative et mereolgie», D.Mieville et D. Vernant (eds.), *Recherches sur la philosophie et la langue*, 16, pp. 81-98.

Bach, E. and Harms, R.T. (ed.), 1968, *Universals in Linguistic Theory*, Holt, London, Rinharts & Winston.

Bosch, P., 1983, *Agreement and Anaphora. A Study of the Role of Pronouns in Syntax and Discourse*, London, Academic Press.

Carlson, G, N., 1980, *Reference to Kinds in English,* New York, Garland Publishing.

Charolles, M., 1990 «L'anaphore associative. Problèmes de délimitation», *Verbum*, XIII, 3, pp. 119-148.

Charolles, M.,1999 «Associative Anaphora and its interpretation», *Journal of Pragmatics*, vol. 31, 3, pp. 411-420.

Clark, H.H., 1977 «Bridging», P. N. Johnson et P.C.Wasow (eds.), *Thinking*, Cambrige UP, pp. 411-420.

Cornish, F., 1997 «Non-standard anaphora, discourse integration, and coherence», *Verbum*, XIX, 1-2, pp. 249-270.

Cornish, F., 1999, *Anaphora, Discourse, and Understanding*, Oxford, Clarendon Press.

Corblin, F., 1983 «Défini et démonstrarif dans la reprise immédiate», *Le francais moderne*, 51, pp. 118-134.

Ducrot, O., 1972, *Dire et ne pas dire*, Paris, Hermann.

Epstein, R., 1999 «Roles, frames and definiteness», v. K. Hoek (ed.), *Discourse Studies in Cognitive Linguistics*, Amsterdam, J.Benjamins, pp. 53-74.

Erkü, F. and J. Gundel, 1987 «The pragmatics of indirect anaphors», *The Pragmatic Perspective,* J. Verschueren and B. Bertucelli-Papi (eds.), Amsterdam, J.Benjamins, pp. 533-545.

Fillmore, C.,1982 «Frame Semantics», The Linguistic Society of Korea (ed.), *Linguistics in the Morning Calm*, Seoul, Hanshin Publishing.

Fauconnier, G., 1985, *Mental Spaces*, The MIT Press.

Fradin, B., 1984 «Anaphorisation et stéréotypes nominaux», *Lingua*, 64, pp. 325-369.

Fraurud, K., 1996 «Cognitive Ontology NP Form», T. Fretheim and J. K. Gundel (eds.), *Reference and Referent Accessibility*, Amsterdam, J. Benjamins, pp. 65-88.

Gaiffe, B., Reboul, A. and Romary, L., 1997 «Les SN défini: anaphore, anaphore associative et coherence», W. De mulder, L. Tasmowski-De –Ryck and C. Vetters (eds.), *Relations anaphoriques et (in)cohérence*, pp. 69-97.

Garrod, S and Sanford, A., 1981 «Bridging inference and the extended domain of reference», *Attention and performance*, 9, Hillsdale, Lawrence Erlbaum, pp.331-346.

Genette, G., 1972, *Figures III*, Paris, Seuil.

Gundel, J. K., 1996 «Relevance theory meets the givenness hierachy : an account of inferrables», T. Fretheim and J. K.Gundel (eds.), *Reference and Referent Accessibility*, Amsterdam, J. Benjamins, pp. 141-153.

Hawkins, J. A., 1991 «On (in)definite articles : implicatures and(un)grammaticality Prediction», *Journal of Linguistics*, 27, pp. 405-442.

Julien, J., 1983 «Sur une règle de blocage de l'article défini avec des noms de parties de corps», *Le francais moderne*, 51, pp. 135-156.

Kaplan, D., 1989, *Themes from Kaplan*, Oxford University Press.

Kleiber, G., 1986 «Pour une explication du paradoxe de la reprise immédiate», *Langue françase*, 72, pp. 54-79.

Kleiber, G., 1997 «Des anaphores associatives méronymiques aux anaphores associatives locatives», *Verbum*, XIX, 1-2, pp. 25-66.

Kleiber, G., 1999 «Anaphore associative relation partie-tout : condition d'aliénation et principe de congruence ontologique», *Langue française*, 122, pp. 71-99.

Kleiber, G., 2001, *L'anaphore associative*, Paris, puf .

Kripke, S., 1977 «Speaker's Reference and Semantic Reference», P. A. French, T. E. Uehling Jr and H. K. Wettstein (eds.), *Studies in the philosophy of Language*, University of Minnesota Press, pp. 255-296.

Kuroda, Y.-S., 1972 «The categorical and the thetic judgment», *Foundations of Languages*, 9, pp. 153-185.

Langacker, R., 1984 «Active Zones», *BLS*, 10, pp. 172-188.

Langacker, R., 1990 «Subjectification», *Cognitive Linguistics*, 1-1, pp. 5-38.

Langacker, R., 1990, *Concept, Image, and Symbol : The Cognitive Basis of Grammar*, Berlin and New York, Mouton de Gruyter.

Langacker, R., 1993 «Reference-point Constructions», *Cognitive Linguistics*, 4, pp. 1-38.
Löbner, S., 1985 «Definites», *Journal of semantics*, 4, pp. 279-326.
Matui, T., 2000, *Bridging and Relevance*, Amsterdam, J. Benjamins.
Milner, J.-Cl., 1976 «Réflxions sur la référence», *Langue française*, 30, pp. 63-73.
Milner, J.-Cl., 1982, *Orders et raisons de langue*, Paris, Seuil.
Postal, P., 1967 «Linguistic anarchy notes», J. McCawley (ed.), *Notes from linguistic underground (Syntax and Semantics 7)*, N.Y, Academic Press, pp. 201-226.
Postal, P., 1972 «Some Further Limitations on Interpretive Theories of anaphora», *Linguistic Inquiry*, 3, pp. 349-371.
Prince, E. F., 1978 «On the function of existential presupposition in discourse», *CLS*, 14, pp. 362-376.
Schnedecker, C. & Charolles, M., 1993 «Les référents évolutifs : points de vue ontologique et phénoménologique», *Caihers de linguistique française*, 14, pp. 197-227.
Sperber, D.& Wilson, D., 1993『関連性理論―伝達と認知―』、研究社出版
Theissen, A., 1997, *Le choix du nom en discours*, Genève, Droz.
Theissen, A., 1998 «Quand est-ce qu'un chien devient l'animal?», *French language Studies*, 8, pp. 221-239.
Wierzbicka, A., 1985, *Lexicogrphy and Conceptual Analysis*, Ann Arbor, Karoma Publishers.
朝倉季雄 1988『フランス文法論 探索とエッセー』、白水社
飯田隆 1987『言語哲学大全Ⅰ』、勁草書房
池内正幸 1985『名詞句の限定表現』(新英文法選書第6巻)、大修館書店
井元秀剛 1989「leNとceNによる忠実照応」、『フランス語学研究』23号、pp. 25-39.
井元秀剛 1993「anaphore概念に関する一考察」、『フランス語学研究』27号、pp. 61-67.
大木充 1991「名詞補語de NPのen化：その機能と制約」、『フランス語学研究』25号、pp. 25-38.
小田涼 2008「定名詞句le Nと指示形容詞句ce Nによる照応のメカニズム」、『フランス語学研究』42号、pp. 1-16.
坂原茂 1991「フランス語と日本語の限定表現の対応」、『対照研究－指示語について』、筑波大学、pp. 213-249.
坂原茂 1996「英語と日本語の名詞句限定表現の対応関係」、『認知科学』

Vol.3, No.3, pp. 38-58.

高橋英光 2001「英語の間接照応―認知文法の観点から―」、『認知言語学論考』No.1, pp. 111-141.

出口優木 2009「連想照応と身体部位」、『関西フランス語フランス文学』第15号、pp. 74-83.

出口優木 2011「連想照応と描写性」、『神戸女子大学教育諸学研究』、第25巻、pp.127-138.

出口優木 2014「連想照応と時間の制約」、『神戸女子大学教育諸学研究』、第27巻、pp. 19-29.

東郷雄二 999「談話モデルと指示―談話における指示対象の確立と同定をめぐって―」、『京都大学総合人間学部紀要』第6巻、pp. 35-46.

東郷雄二 2001「定名詞句の『現場指示的用法』について」、『京都大学総合人間学部紀要』第8巻、pp. 1-17.

東郷雄二 2001「定名詞句の指示と対象同定のメカニスム」、『フランス語学研究』35号、pp. 1-14.

東郷雄二 2010「談話情報から見た時制 - 単純過去と半過去 -」、『フランス語学研究』44号、pp.15-32.

春木仁孝 1985「le N と Ce N による前方照応について」、『フランス語学研究』19号、pp.88-97.

春木仁孝 1986「指示形容詞を用いた前方照応について」、『フランス語学研究』20号、pp.16-33.

古川直世 1992「二次的叙述における形容詞の意味的制約について」、『フランス語学研究』26号、pp. 1-14.

本田啓 2005『アフォーダンスの認知意味論』、東京大学出版会

山梨正明 992『推論と照応』、くろしお出版

山梨正明 2000『認知言語学原理』、くろしお出版

出 口 優 木（でぐちゆうき）

1976 年三重県生まれ
京都大学文学部人文学科フランス語フランス文学専攻卒業
京都大学大学院人間・環境学研究科博士課程修了
現在、神戸女子大学非常勤講師
専門はフランス語学、認知言語学

連想照応の可能性
── フランス語の用例から ──

2016 年 3 月 1 日　初版発行

著　者　　出口　優木（でぐちゆうき）

発行者　　原　　雅久

発行所　　株式会社 朝日出版社
　　　　　〒 101-0065　東京都千代田区西神田 3-3-5
　　　　　TEL (03)3263-3321（代表）　FAX (03)5226-9599
　　　　　ホームページ http://www.asahipress.com

印刷所　　協友印刷株式会社

乱丁、落丁本はお取り替えいたします
©Deguchi Yuki 2016. Printed in Japan　　ISBN978-4-255-00909-4　C0098